天空の
レストランへようこそ!
みんなの
機内食
機内食ドットコム

OUR IN-FLIGHT MEAL WELCOME TO THE SKY RESTAURANT!

はじめに

　たかが機内食、されど機内食。

　機内という狭く限られた、でも特別な空間でいただく食事に、人々はつい魅了されてしまいます。

　サンドウィッチから始まったとされる機内食の歴史。現在では航空会社が有名シェフとコラボを行った機内食があるように、各社工夫を凝らしたものが増えています。航空会社を選択する上でも、機内食は大きなポイントとなっています。

　また、機内食は各国のお国柄が反映されるため、食文化という観点からも注目を集め、研究の対象にもなっています。

　それほどまでに、注目を集める機内食。

　そんな世界中の機内食のクチコミを集めたWebサイト「機内食ドットコム」をまとめ、さまざまな取材を試みて1冊にしたのがこの書籍です。

　海外へ向かう高揚感の中、その非日常をさらに彩る機内食の提供に、私たち乗客は思わずときめきます。

　ぜひ、あなたもこの機内食ワールドを書籍を通して体験し、ときめいてみませんか？

　さて、ファイナルコール（最終搭乗案内）が鳴り響いています。「天空のレストラン」を、存分にご堪能くださいませ。

　本日のご搭乗、誠にありがとうございます。

　　　　　　　　　　　　　　　　　　　　　　　　機内食ドットコム

CONTENTS

Chapter 01 First Class
ファーストクラスの機内食

- ルフトハンザドイツ航空 …… 006
- JAL（日本航空） …… 008
- ANA（全日空） …… 014
- エミレーツ航空 …… 017
- タイ国際航空 …… 018
- デルタ航空 …… 020
- ヴァージンアメリカ航空 …… 021
- アメリカン航空 …… 022

Chapter 02 Japan / East Asia
日本・東アジアの機内食

- JAL（日本航空） …… 032
- ANA（全日空） …… 039
- 中国国際航空 …… 048
- 中国東方航空 …… 050
- 中国南方航空 …… 052
- 上海航空 …… 053
- マカオ航空 …… 054
- キャセイパシフィック航空 …… 055
- 香港ドラゴン航空 …… 057
- チャイナエアライン …… 058
- エバー航空 …… 060
- トランスアジア航空 …… 062
- エアプサン …… 062
- 大韓航空 …… 063
- アシアナ航空 …… 065
- ドゥルックエアー …… 067

Chapter 03 Southeast Asia / West Asia
東南アジア・西アジアの機内食

- シンガポール航空 …… 070
- シルクエアー …… 072
- ジェットスターアジア …… 073
- バンコクエアウェイズ …… 073
- タイ国際航空 …… 074
- ベトナム航空 …… 077
- ガルーダ・インドネシア航空 …… 078
- マレーシア航空 …… 079
- エアアジア …… 080
- マン・ヤダナポン・エアラインズ …… 080
- エアインディア …… 081
- スリランカ航空 …… 082
- エミレーツ航空 …… 083
- エティハド航空 …… 086
- ターキッシュエアラインズ …… 087
- カタール航空 …… 089

Chapter 04 North America / Oceania
北米・オセアニアの機内食

- デルタ航空 …… 100
- ユナイテッド航空 …… 103
- アメリカン航空 …… 106
- ハワイアン航空 …… 107
- エア・カナダ …… 108
- アエロメヒコ航空 …… 109
- ニュージーランド航空 …… 109
- カンタス航空 …… 110

Chapter 05 Europe
ヨーロッパの機内食

- ルフトハンザドイツ航空 …… 116
- エールフランス …… 120
- ブリティッシュエアウェイズ …… 123
- フィンランド航空 …… 126
- オーストリア航空 …… 128
- KLMオランダ航空 …… 130
- イベリア航空 …… 131
- アリタリア-イタリア航空 …… 132
- TAPポルトガル航空 …… 132
- スイス航空 …… 133
- スカンジナビア航空 …… 134
- チェコ航空 …… 135
- クロアチア航空 …… 135

Chapter 06 South America / Africa
南米・アフリカの機内食

- LAN航空 …… 142
- LATAM ブラジル …… 146
- モーリシャス航空 …… 147
- エチオピア航空 …… 147
- エアリンク …… 147
- 南アフリカ航空 …… 148

Chapter 07 Special
特別機内食

- JAL（日本航空） …… 152
- ANA（全日空） …… 153
- 大韓航空 …… 153
- アシアナ航空 …… 154
- デルタ航空 …… 156
- キャセイパシフィック航空 …… 157
- エバー航空 …… 157
- エールフランス …… 157

- Column 1　JAL機内食工場＆機内サービス体験レポート …… 024
- Column 2　眞鍋かをりさんが語る「機内食と私」…… 068
- Column 3　エミレーツ航空A380ファーストクラス搭乗記 …… 090
- Column 4　フォトジェニックな機内食写真の撮り方 …… 112
- Column 5　プライベートジェットの機内食 徹底レポート …… 136

Chapter 01 First Class

First Class ファーストクラスの機内食

飛行機好きなら誰しも一度は憧れるファーストクラス。機内食も、一流レストランさながらの豪華なものが並びます。"最高峰の晩餐"とは一体どんなメニューなのでしょうか。

DEU　ルフトハンザドイツ航空 ｜ 羽田〜フランクフルト

Date: 2014/06/25
Airline: Lufthansa German Airlines
FlightNo: LH717
From: Tokyo
To: Frankfurt
Class: First Class
情報提供: 機内食大好きさん

Chapter 01 | First Class

JPN | JAL（日本航空） | 羽田〜伊丹

Date: 2016/07/03
Airline: Japan Airlines
FlightNo: JL139
From: Tokyo
To: Osaka
Class: First Class
情報提供: 機内食大好きさん

JPN JAL（日本航空） | 羽田〜伊丹

Date: 2016/01/02
Airline: Japan Airlines
FlightNo: JL139
From: Tokyo
To: Osaka
Class: First Class
情報提供: 機内食大好きさん

Chapter 01 First Class

| JPN | **JAL（日本航空）** | 伊丹～羽田 |

Date: 2016/03/05
Airline: Japan Airlines
FlightNo: JL118
From: Osaka
To: Tokyo
Class: First Class
情報提供: 機内食大好きさん

JPN JAL（日本航空） 伊丹〜羽田

Date: 2016/04/24
Airline: Japan Airlines
FlightNo: JL102
From: Osaka
To: Tokyo
Class: First Class
情報提供: 機内食大好きさん

JPN JAL（日本航空） 新千歳〜羽田

Date: 2016/01/02
Airline: Japan Airlines
FlightNo: JL506
From: Sapporo
To: Tokyo
Class: First Class
情報提供: 機内食大好きさん

Chapter 01 | First Class

JPN **JAL（日本航空）** | 羽田〜パリ

Date: 2016/06/20
Airline: Japan Airlines
FlightNo: JL45
From: Tokyo
To: Paris
Class: First Class
情報提供: ひろさん

有名シェフ・須賀洋介監修の献立。キャビアはしょっぱくもなく、とても洗練された味でした。

| JPN | JAL（日本航空） | 羽田〜伊丹

Date: 2016/10/04
Airline: Japan Airlines
FlightNo: JL139
From: Tokyo
To: Osaka
Class: First Class
情報提供: 機内食大好きさん

| JPN | JAL（日本航空） | 成田〜ニューヨーク

Date: 2016/07/14
Airline: Japan Airlines
FlightNo: JL6
From: Tokyo
To: New York
Class: First Class
情報提供: みっきーさん

1-3.洋食をチョイス。旬のオマールブルーはぷりぷりでした。4.チーズの盛り合わせ。5.和食のトマトとバジルの味噌椀を別にオーダー。6.和食の龍吟のプリンを一口だけ主人からもらいました。

1	2	3
4	5	6

Chapter 01 | First Class

JPN ANA（全日空） | 成田〜ニューヨーク

Date: 2016/09/04
Airline: All Nippon Airways
FlightNo: NH104
From: Tokyo
To: New York
Class: First Class
情報提供: えみちんさん

1-2. 日本からの出発なので和食をチョイス。まずはシャンパンを飲みくらべ。私はパルメのほどよい甘さが気に入りました。**3.** アミューズは見た目がきれい、しかもお味も抜群！つまみにぴったりでした。**4-5.** 食事ですが、さすがファースト。懐石です。先付けから最後の食事までカラダが喜んでいるのが分かるくらい美味しかったです。**6.** お椀の松茸。

1	2
3	4
5	6

7-9.魚を多く料理のメニューに取り入れてるのには感心しました。鰊と茄子の煮合わせ、すごく美味しかったです。まっ白いご飯もふっくらおいしい！お代わりすればよかった。10.デザートはとらやの羊羹でしたが、プティフィールに変更。11.着陸前の食事はお腹がすいてなかったので、フルーツに。12.目覚めはエスプレッソ。イリーでした。雲の上の極上レストラン！堪能しました！

7	8
9	10
11	12

Chapter 01 | First Class

| JPN | ＡＮＡ（全日空） | 成田〜シンガポール |

Date: 2017/01/27
Airline: All Nippon Airways
FlightNo: NH801
From: Tokyo
To: Singapore
Class: First Class
情報提供: トビーおじさんさん

美味しく完食させていただきました。

ARE エミレーツ航空｜ドバイ〜羽田

Date: 2015/02/27
Airline: Emirates Airline
FlightNo: EK312
From: Dubai
To: Tokyo
Class: First Class
情報提供: しろくまさん

1.朝っぱらからキャビア。ドンペリといただきます。2.朝食は和食。あん肝とメインの白身魚の粕漬けが美味しかったです。3.羽田到着前にメインの機内食です。またまたキャビアから。4.パンプキンスープ。5.ビーフは少し中華風の味付けでしたが、最高に柔らかくて美味しかったです。6.ソムリエの資格を持っていらっしゃる日本人CAさんオススメの1976年ビンテージのポートワインが絶品でした。

1	2
3	4
5	6

Chapter 01 | First Class

[THA] タイ国際航空 | バンコク〜成田

Date: 2015/08/15
Airline: Thai Airways
FlightNo: TG676
From: Bangkok
To: Tokyo
Class: First Class
情報提供: Shuさん

1-2.初めてのA380への搭乗でドンペリをいただきました。3.朝のフライトなので、果物から。4.洋食の朝食。5.追加でタイ風の麺を注文。6.着陸前に焼きうどん。

1	2
3	4
5	6

[THA] タイ国際航空 | 成田〜バンコク

Date: 2015/08/08
Airline: Thai Airways
FlightNo: TG683
From: Tokyo
To: Bangkok
Class: First Class
情報提供: Shuさん

1. ドンペリのサービス。 2. 料理は洋食をいただきました。 3. 2皿目はタイ風のスープ。 4. メインは鶏肉。 5. 食後はフルーツとチーズの盛り合わせ。 6. 着陸前にタイのChangビール。

1	2
3	4
5	6

Chapter 01 | First Class

USA | デルタ航空 | サイパン〜成田

Date: 2016/07/11
Airline: Delta Air Lines
FlightNo: DL297
From: Saipan
To: Tokyo
Class: First Class
情報提供: やまさん

豚肉の甘醤油炒めと玉ねぎ（鶏胸肉のソテーとチョイス）。ミックスグリーンサラダ。チョコレートガナッシュ。パン。こんな豚肉の食べ方も美味しいですよね。

USA | デルタ航空 | 成田〜サイパン

Date: 2016/07/08
Airline: Delta Air Lines
FlightNo: DL298
From: Tokyo
To: Saipan
Class: First Class
情報提供: やまさん

タイ風豚肉の炒め物（牛テンダーロインのグリルとのチョイス）。ミックスグリーンサラダ。チーズケーキ。パン各種。

USA デルタ航空 | グアム〜成田

Date: 2016/08/13
Airline: Delta Air Lines
FlightNo: DL634
From: Guam
To: Tokyo
Class: First Class
情報提供: ROTABLUEさん

鶏胸肉のソテー、ガーリッククリームソース、野菜のソテーとガーリック炒飯。デザートはチョコレートガナッシュでした。

USA ヴァージンアメリカ航空 | シカゴ〜サンフランシスコ

Date: 2016/05/30
Airline: Virgin America
FlightNo: VX211
From: Chicago
To: San Francisco
Class: First Class
情報提供: shinjiさん

茄子のカポナータとピタブレット。バターチキン。

Chapter 01　First Class

USA　アメリカン航空 | 香港〜ダラス

Date: 2016/03/25
Airline: American Airlines
FlightNo: AA138
From: Hong Kong
To: Dallas
Class: First Class
情報提供: HY(ハッシー)さん

赤ワインは飲み比べて、両方美味しかったです。一品一品それぞれ美味しいものでした。米系のファーストクラスもだんだん良くなっていくのではないでしょうか。

| USA | アメリカン航空 | シカゴ〜サンディエゴ

Date: 2016/08/13
Airline: American Airlines
FlightNo: AA2204
From: Chicago
To: San Diego
Class: First Class
情報提供：世界一周さん

1
―
2
―
3

1. 温めたナッツ。 2. 朝食。私にとっては前の便の機内食から4時間程度経過しているので昼食。 3. 食後にデザートも出てきました。国内線でも4時間の搭乗で食事も楽しめました。

Column 1

美味しさの秘密はどこに？
JAL機内食工場＆機内サービス体験レポート

取材協力＝日本航空
撮影・取材＝機内食ドットコム

旅好き仲間や旅行業界の友人から、近頃よく耳にする言葉があります。
「JALの機内食って、とても美味しいよね」
さまざまな機内食を堪能している関係者やファンもうならせる、JALの機内食。その美味しさの秘密はどこにあるのか探るべく、機内食工場を取材！ 機内サービスの様子とあわせてご紹介します。

工場は羽田空港に

今回取材にご協力いただいたのは、1日20便分、約6,000食の機内食を作っている「JALロイヤルケータリング」。羽田空港にある機内食工場だ。

工場に入るにあたり、まず驚かされたのは世界最高水準の衛生管理。髪の毛1本も落ちないように完全防備を行い、粘着テープでホコリも取り逃さないようにして、徹底した手の消毒も行う。最後にエアーシャワーを浴びて、ようやく工場の中へ。

丁寧なプロセスが美味しさを生む

野菜のカットや肉・魚の下処理は、完成品の品質を左右すると考えられているため、一つひとつ人の手によって行われていた。

野菜準備室

品質確認と選別

手作業で加工

ホットキッチン

お肉を調理

鰻の蒲焼きも

　各メニューの調理、食器への盛り付けから出荷まで、どこを見ても細かくて丁寧な作業が行われる。このきめ細やかさが、機内食の美味しさにもつながっているのだろう。

パンも工場内で作る

ビジネスクラス用のキッシュ料理

ローストビーフの切り分け

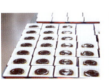
前菜の小鉢を盛り付け

デザートと野菜をプレートに

デザートのプリン

カトラリーも手作業でナプキンに巻く

ビジネスクラスの食器類を準備

機内食をカートの中に

5度以下の部屋で出発まで保管

フードローダー車へ機内食を積み込む

工場前に整列するフードローダー車

　原材料から手作業で調理加工し、レストランと変わらないものを提供するという方針のJALの機内食工場。有名シェフ監修のメニューやコラボメニューは、条件が違う機内でも地上と変わらない味で提供できるよう、調理方法を研究。

メニューコンセプトの決定には1年ほどかけるそうだ。

　取材の後、機内食を飛行機に搭乗して食する機会に恵まれたので、その様子もレポートする。

ラウンジで体験した最高のおもてなし

　とある平日の朝、JAL機に搭乗するため羽田空港のチェックインカウンターへ。搭乗客と最初に接するチェックインスタッフは、その航空会社のイメージを左右しかねない重要な部分だ。終始笑顔で的確に業務を行うグランドスタッフの仕事ぶりは、海外に飛び立つ前のちょっとした不安を消し去ってくれる。

羽田空港JALチェックインカウンター

　パスポートに「出国」スタンプが押された後は、JALのサクララウンジ・スカイビューへ。「モダンジャパニーズ」と、それぞれの空間に変化を持たせた「room to room」の2つのコンセプトにもとづき、「日本のこころ」「日本のおもてなし」を体現する空間だ。デザインに変化を持たせた空間設計は、目に楽しいだけでなく、そのときの気分や目的に合わせて思い思いの時を過ごせる。

武田双雲氏のアートが目を引く

武田双雲氏のシンボルアートが印象的なスカイビューラウンジからは、羽田空港を一望でき、ここで食べるJAL特製オリジナルビーフカレーの美味しさにはいつも感動してしまう。この素敵な空間では、時間が早く過ぎ去るような感覚を覚える。

搭乗したのは人気の「JAL SKY SUITE Ⅲ」

本日のシンガポール行きJAL37便の搭乗は、スカイビューラウンジから近い146番ゲートから。

出発90分前にシップがゲートに到着し、フードローダー車から機内へ、機内食の積み込み作業が始まった。出発50分前から機内でパイロットやCAによるブリーフィングがあり、出発30分前より搭乗開始、という流れだ。

出発準備中のJAL37便

フードローダー車から搬入

機内食を搬入中

ブリーフィング中

JAL37便の機材は、ボーイング777-200ERでビジネスクラス42席、プレミアムエコノミークラス40席、エコノミークラス154席と、合計236席の大型機材だ。JALではこの機材をJAL SKY SUITE Ⅲとネーミングし、利用客からの人気も高い。

特徴は、何と言ってもビジネスクラスの座席配列。いわゆるヘリンボーンと言われる斜め形状の1-2-1の座席配列となっており、全席から通路アクセスが可能な、ゆとりある配列。17インチの大型個人モニターも見やすく、随所にJALの創意工夫がみられる素晴らしいシートだ。

特徴的なJAL SKY SUITE Ⅲのビジネスクラスシート

また、世界でもっとも素晴らしいと認定されたエコノミークラスも、シートピッチ拡大と座席のスリム化で拡がった足元スペースが好評で、居住空間がより快適になっている。

シンガポールに向け搭乗開始

まさに「特別なレストラン」——機内食を堪能

オンタイムで離陸後、お待ちかねの機内サービスの開始。CAさんが物腰柔らかく、素敵な笑顔で丁寧にサービスをしているのを見て、JALの心地良さはこんなサービスからくるのだと感じた。

メニューを配るCAさん

BEDD SKY AUBERGEのメニュー

笑顔でサービス中のCAさん

ギャレーで前菜の準備中

シャンパンをお願いしました

シャンパンを飲みつつ、機窓を眺めていると前菜を持って来てくださった。今回は和食をお願いしたのだが、その前菜の見事なまでの盛り付けと味に驚く。

JALの機内食メニューの1ページ目には、次のような言葉がある。
「空の上に、特別なレストランをつくりました。」

その言葉に偽りなし。台の物の牛タンシチューも風味良く、炊きたてのご飯がとても進む。

そして、デザートの水羊羹も甘みが抑えられており、とても上品な味わいで美味しい。
「JALの機内食、美味しいよね」という知人たちの言葉は、まさしくその通りだった。

和食 (東京芝大門「くろぎ」黒木純シェフ監修)

前菜

海老和風タルタルソース掛けキャビア／花れんこん、秋刀魚山椒鰻巻き、衣かつぎ／豚すき煮、人参、温泉玉子、椎茸、長葱、白滝／柿なます、胡麻クリーム／鱧霜降り梅肉、河豚昆布〆

台の物

和風牛タンシチュー、鮭味噌漬け　　　　　　　　2種類の日本酒と共に

新潟奥阿賀産コシヒカリの炊きたてのご飯、味噌汁、香の物　　　水羊羹　　　　　素敵な赤い鶴の箸置き

洋食 (東京麻布十番「山田チカラ」山田チカラシェフ監修)

オードブル

サーモンのマリネ ヨーグルトのソース

パン

メゾンカイザー特製パン プチチャバタ、プチさつまいも

メイン

和牛サーロインステーキ 木の子の盛り合わせとラビゴットソース

鯛の胡麻付け焼き 3種のピューレとブールブランソース

デザート

栗のティラミス

シャンパン

シャルル・エドシック ブリュット レゼルヴ N.V.……キメの細かい泡と複雑で風味豊かな味わい

日本酒

東洋美人　純米大吟醸……
青りんごのような華やかさと、米の旨味の豊かさを感じさせる香りでバランスの良い辛口

作　純米大吟醸……
りんごやイチゴのようなフルーティーで甘い風味、柔らかな口あたりで、ほろ苦い余韻のやや辛口

寝心地の良いフルフラットシートで、しばし眠りについていたようだ。起床後はおしぼりが配られ、到着前の軽食が配られた。

到着前の軽食サービス

お世話になったクルーの方たち

そして、予定時刻よりも早くシンガポール・チャンギ国際空港に到着。降機後、とても爽やかで清々しい気分でいっぱいだった。それはJALの心地良さと思いやり、気配りにあふれたサービスがあったからに違いない。

今回、さまざまな取材でご協力いただいたJALに感謝申し上げたい。

Chapter 02
Japan / East Asia

Japan / East Asia
日本・東アジアの機内食

国内エアラインの機内食は、どれもバラエティ豊富でおもてなし精神が表れた逸品揃い。一方東アジアの各社では、本場の中華・韓国料理が空の上で堪能できます！

JPN **JAL**（日本航空） | 羽田〜バンコク

Date: 2016/03/17
Airline: Japan Airlines
FlightNo: NH33
From: Tokyo
To: Bangkok
Class: Business Class
情報提供: 機内食大好きさん

| JPN | **JAL（日本航空）** | 成田〜パリ |

Date: 2016/01/02
Airline: Japan Airlines
FlightNo: JL405
From: Tokyo
To: Paris
Class: Business Class
情報提供: 機内食大好きさん

Chapter 02 | Japan / East Asia

JPN JAL（日本航空）| 羽田〜香港

Date: 2015/01/05
Airline: Japan Airlines
FlightNo: JL29
From: Tokyo
To: Hong Kong
Class: Economy Class
情報提供: 機内食大好きさん

JPN JAL（日本航空）| 羽田〜北京

Date: 2016/12/07
Airline: Japan Airlines
FlightNo: JL25

From: Tokyo
To: Beijing
Class: Business Class
情報提供: マヤアムさん

1. 汲み上げ湯葉豆腐、〆サバ、鶏辛味噌和え、合鴨ロースト、烏賊東寺揚げ、才巻海老のろう焼。2. ブリ大根、牛時雨煮。

1 | 2

JPN JAL（日本航空） 羽田〜シンガポール

Date: 2016/11/14
Airline: Japan Airlines
FlightNo: JL37
From: Tokyo
To: Singapore
Class: Business Class
情報提供：マヤアムさん

1. 白身魚のサラダ仕立て スペイン風ドレッシング。 2. 和牛のサーロインステーキ。トリュフ風味のフォンドヴォーと醤油のソースの酢橘添え。 3. 栗のティラミス。 4. 各種チーズの盛り合わせ。 5.「ちゃんぽんですかい」。 6. アイスクリーム（カスタードプディング味）。

1	2
3	4
5	6

JPN JAL（日本航空） 羽田～ソウル

Date: 2015/11/13
Airline: Japan Airlines
FlightNo: JL95
From: Tokyo
To: Seoul
Class: Business Class
情報提供: 機内食大好きさん

JPN JAL（日本航空） 成田～釜山

Date: 2016/05/07
Airline: Japan Airlines
FlightNo: JL957
From: Tokyo
To: Busan
Class: Economy Class
情報提供: やまさん

空弁です（ピリ辛牛丼／厚焼き玉子／ミニがんも煮含め／花人参煮／青紫蘇胡瓜漬／きなこ蕨餅）。

JPN　JAL（日本航空）｜ホノルル〜関西

Date: 2016/04/12
Airline: Japan Airlines
FlightNo: JL791
From: Honolulu
To: Osaka
Class: Economy Class
情報提供: カピオラニ千恵さん

JPN　JAL（日本航空）｜ソウル〜羽田

Date: 2015/08/12
Airline: Japan Airlines
FlightNo: JL94
From: Seoul
To: Tokyo
Class: Business Class
情報提供: マヤアムさん

ギンダラつけ焼き、焼き明太子、穴子真丈、鮪角煮串、海エビ、氷頭なます、酢取り茗荷、小松菜おひたし、蓮根はさみ揚げと小芋の煮物、スダチのゼリー、豚バラ塩だれ焼き。

JPN　JAL（日本航空）｜台北〜関西

Date: 2016/03/20
Airline: Japan Airlines
FlightNo: JL816
From: Taipei
To: Osaka
Class: Economy Class
情報提供: 機内食大好きさん

JPN　JAL（日本航空）｜関西〜ホノルル

Date: 2016/04/02
Airline: Japan Airlines
FlightNo: JL792
From: Osaka
To: Honolulu
Class: Economy Class
情報提供: カピオラニ千恵さん

以前の資生堂パーラーの機内食です。

JPN | ANA(全日空) | 成田〜シンガポール

Date: 2016/12/15
Airline: All Nippon Airways
FlightNo: NH803
From: Tokyo
To: Singapore
Class: Business Class
情報提供: もみさん

1. アペタイザー。ローストビーフとズワイガニのサラダに林檎のコンフィを添えて。2. メインは和牛のロール仕立て。もう1つのメインは銀鮭のソテー ナンプラーソースでした。3. デザートのチーズ。ケーキは撮り忘れました。4. 夜食にANAオリジナルカレーのご飯抜きをオーダーしました。

1	2
3	4

Chapter 02 : Japan / East Asia

JPN ＡＮＡ（全日空） | 成田〜ブリュッセル

Date: 2016/07/16
Airline: All Nippon Airways
FlightNo: NH231
From: Tokyo
To: Brussels
Class: Business Class
情報提供: 機内食大好きさん

🇯🇵 ＡＮＡ（全日空） | 羽田〜米子

Date: 2016/08/17
Airline: All Nippon Airways
FlightNo: NH1087
From: Tokyo
To: Yonago
Class: Premium Class
情報提供: Donmaiさん

日本酒は静岡県産の「白隠正宗 特別純米 誉富士」。"Premium GOZEN"の昼食としてのサービス。盤石の和食。魚中心、とても美味しい味付けで満足だった。

🇯🇵 ＡＮＡ（全日空） | 仙台〜伊丹

Date: 2016/01/22
Airline: All Nippon Airways
FlightNo: NH734
From: Sendai
To: Osaka
Class: Premium Class
情報提供: ANDYさん

ホタテごはん。おかずは、すき焼き風煮、焼き鮭などです。

Chapter 02 : Japan / East Asia

JPN ANA（全日空）那覇〜羽田

エビがぷりぷりでした。

Date: 2016/12/13
Airline: All Nippon Airways
FlightNo: NH468
From: Okinawa
To: Tokyo
Class: Premium Class
情報提供: しなもんさん

JPN ANA（全日空）羽田〜那覇

カニご飯の朝食です。

Date: 2016/12/05
Airline: All Nippon Airways
FlightNo: NH463
From: Tokyo
To: Okinawa
Class: Premium Class
情報提供: しなもんさん

JPN ANA（全日空）香港〜羽田

Date: 2015/03/16
Airline: All Nippon Airways
FlightNo: NH860
From: Hong Kong
To: Tokyo
Class: Business Class
情報提供: のぶまゆさん

中華：アペタイザー（蓮根のサンザシ漬、帆立貝と桃のサラダ、トリュフとゴマソースの冷奴）、メイン（牛カルビと梨の煮込み、オートミールライスと中国産キャベッジ添え）、デザート。「カオルーン シャングリ・ラ 香港」とのコラボメニューとのこと。

| JPN | **ANA(全日空)** | 成田～青島

Date: 2014/09/06
Airline: All Nippon Airways
FlightNo: NH927
From: Tokyo
To: Qingdao
Class: Business Class
情報提供: やまさん

和食・洋食の選択で和食を。芋焼酎（蔓無源氏の炭酸割り）とともに美味しくいただきました。口取り（紅鮭小袖寿司、蟹菊花巻き、湯葉山椒煮、豆の胡麻和え）、お造り（キメジ叩き）、主菜（鰈幽庵焼き）、ご飯（菊花俵御飯）、味噌汁、和菓子（生あんもろこし）。

Chapter 02 | Japan / East Asia

JPN ANA（全日空） | ロンドン〜羽田

Date: 2016/07/11
Airline: All Nippon Airways
FlightNo: NH212
From: London
To: Tokyo
Class: Business Class
情報提供: Tomo-Papaさん

帰国便でステーキを選択。柔らかくてジューシーなお肉に満足しました。

JPN ANA（全日空） 成田〜香港

Date: 2015/03/13
Airline: All Nippon Airways
FlightNo: NH909
From: Tokyo
To: Hong Kong
Class: Business Class
情報提供: のぶまゆさん

和食：口取り（境港サーモン幽庵焼き、千枚蒲鉾、大根金平、出汁巻き玉子）、お造り（サーモントラウト昆布〆）、主菜（和牛ワイン煮）、御飯、味噌汁、和菓子（福壽堂秀信の花御堂）。上空で食べる「お造り」も、地上と同じように美味。

JPN ANA（全日空） 成田〜香港

Date: 2015/03/13
Airline: All Nippon Airways
FlightNo: NH909
From: Tokyo
To: Hong Kong
Class: Business Class
情報提供: のぶまゆさん

洋食：アペタイザー（ブレザオラにキャベツとフェンネルのサラダを添えて）、メイン（サーモンハンバーグ ディル風味のマスタードソース）、ブレッド（カンパーニュ）、デザート（グリオットチェリーのムース）。デザートは甘すぎず、酸味があって美味。

Chapter 02 | Japan / East Asia

[JPN] **ANA（全日空）** | シカゴ〜羽田

Date: 2016/10/31
Airline: All Nippon Airways
FlightNo: NH111
From: Chicago
To: Tokyo
Class: Business Class
情報提供: ANDYさん

1食目、2食目ともに和食にしました。

JPN ANA（全日空）羽田～シンガポール

Date: 2016/09/23
Airline: All Nippon Airways
FlightNo: NH841
From: Tokyo
To: Singapore
Class: Economy Class
情報提供: Gakuchiさん

和食の釜めし風と、洋食のタンドリーチキンから、タンドリーチキンを選びました。

JPN ANA（全日空）シンガポール～羽田

Date: 2016/09/10
Airline: All Nippon Airways
FlightNo: NH842
From: Singapore
To: Tokyo
Class: Economy Class
情報提供: Gakuchiさん

カレーを選びました。

JPN ANA（全日空） 羽田～ソウル

Date: 2016/12/04
Airline: All Nippon Airways
FlightNo: NH861
From: Tokyo
To: Seoul
Class: Economy Class
情報提供: まつみさん

ズワイ蟹と海の幸丼／春雨サラダ／ゆず醤油ドレッシングサラダ。メインは見た目もよく、美味しかったです。

Chapter 02 | Japan / East Asia

[CHN] **中国国際航空** | 北京～パリ

Date: 2016/03/16
Airline: Air China
FlightNo: CA933
From: Beijing
To: Paris
Class: Business Class
情報提供: amigoさん

1-3.1食目。選択肢は中華（鶏肉・魚・野菜）か洋食（タラ）。鶏肉を選択。5.2食目は中華の牛肉麺を選択。スープが染み渡ります。

1	2
3	
4	5

[CHN] 中国国際航空 | 羽田〜北京

Date: 2016/11/18 **From:** Tokyo
Airline: Air China **To:** Beijing
FlightNo: CA182 **Class:** Business Class
情報提供: amigoさん

1. 前菜は日本の航空会社風です。 2. メインは3種類（中華2種＋ステーキ）から選択できます。

| 1 | 2 |

[CHN] 中国国際航空 北京〜羽田

Date: 2016/10/18
Airline: Air China
FlightNo: CA183
From: Beijing
To: Tokyo
Class: Economy Class
情報提供: CHM915さん

「チキン」or「ビーフ」で後者をチョイス。パンはあんパンでした。全体的にフレンドリーなクルーが多く、機内の雰囲気も柔らかかった印象。

[CHN] 中国国際航空 北京〜デリー

Date: 2016/10/12
Airline: Air China
FlightNo: CA947
From: Beijing
To: Delhi
Class: Economy Class
情報提供: CHM915さん

「フィッシュwithライス」をチョイス。メインは衣をつけて揚げた白身魚に豆鼓ソースがかかったもので、ボリューミーなひと皿。ご飯もビールも進む"ザ・中華"で美味しかったです。

Chapter 02 : Japan / East Asia

CHN 中国東方航空 | 上海〜シンガポール

Date: 2016/09/02
Airline: China Eastern Airlines
FlightNo: MU565
From: Shanghai
To: Singapore
Class: Economy Class
情報提供: Gakuchiさん

ポークヌードル(猪肉麺)とフィッシュライスの選択で、ポークヌードルにしました。

CHN 中国東方航空 | シンガポール〜上海

Date: 2016/08/31
Airline: China Eastern Airlines
FlightNo: MU546
From: Singapore
To: Shanghai
Class: Economy Class
情報提供: Gakuchiさん

チキンヌードル(鶏肉麺)とビーフライス(牛肉飯)の選択で、チキンヌードルにしました。

[CHN] 中国東方航空 | 上海〜羽田

Date: 2016/12/24
Airline: China Eastern Airlines
FlightNo: MU539
From: Shanghai
To: Tokyo
Class: Business Class
情報提供: amigoさん

3種類の中からエビチリを選択。インチョンから浦東まで乗ってきた機材に再び搭乗しました。浦東-羽田線は、インチョン-浦東線より時間が長いためか、少しゆとりはありました。

[CHN] 中国東方航空 上海〜中部

Date: 2016/05/07
Airline: China Eastern Airlines
FlightNo: MU529
From: Shanghai
To: Nagoya
Class: Economy Class
情報提供: Chikaさん

給食で食べたソフト麺のようでした。

[CHN] 中国東方航空 上海〜羽田

Date: 2016/09/18
Airline: China Eastern Airlines
FlightNo: MU539
From: Shanghai
To: Tokyo
Class: Economy Class
情報提供: KAZYさん

Chapter 02 Japan / East Asia

[CHN] 中国南方航空 | クライストチャーチ〜広州

Date: 2016/05/06
Airline: China Southern Airlines
FlightNo: CZ618
From: Christchurch
To: Guangzhou
Class: Economy Class
情報提供: Kosukeさん

[CHN] 中国南方航空 | バンコク〜広州

Date: 2015/03/18
Airline: China Southern Airlines
FlightNo: CZ362
From: Bangkok
To: Guangzhou
Class: Economy Class
情報提供: Tiankouさん

鶏か魚のチョイスで、鶏肉を選択。鶏肉の餡掛け風炒め物で温野菜。見た目よりもクリーミーで美味しかったです。

CHN 上海航空 | 台北〜上海

Date: 2015/04/25
Airline: Shanghai Airlines
FlightNo: FM820
From: Taipei
To: Shanghai
Class: Economy Class
情報提供: ましゅまろさん

魯肉飯と煮卵、干し豆腐と豆の煮物、フルーツ、鳳梨酥。とても美味しかったです。CAの方も親切でしたし、サービス面もよかったです。

CHN 上海航空 | バンコク〜上海

Date: 2017/03/11
Airline: Shanghai Airlines
FlightNo: FM854
From: Bangkok
To: Shanghai
Class: Economy Class
情報提供: chikaさん

シーフード焼きそばです。

MAC マカオ航空 | マカオ〜成田

Date: 2016/03/03
Airline: Air Macau
FlightNo: NX862
From: Macau
To: Tokyo
Class: Economy Class
情報提供: shinbashi kidsさん

鶏のそぼろでした。オレンジジュースとマカオビール。

MAC マカオ航空 | 成田〜マカオ

Date: 2016/02/28
Airline: Air Macau
FlightNo: NX861
From: Tokyo
To: Macau
Class: Economy Class
情報提供: shinbashi kidsさん

チキンの飴かけです。

HKG キャセイパシフィック航空 ｜ 羽田～香港

Date: 2016/01/01
Airline: Cathay Pacific Airways
FlightNo: CX543
From: Tokyo
To: Hong Kong
Class: Business Class
情報提供: 機内食大好きさん

Chapter 02 Japan / East Asia

HKG キャセイパシフィック航空｜香港〜バンコク

Date: 2016/02/01
Airline: Cathay Pacific Airways
FlightNo: CX751
From: Hong Kong
To: Bangkok
Class: Business Class
情報提供: TKPONさん

さすがはキャセイの機内食です。

HKG キャセイパシフィック航空｜香港〜中部

Date: 2016/02/05
Airline: Cathay Pacific Airways
FlightNo: CX536
From: Hong Kong
To: Nagoya
Class: Business Class
情報提供: TKPONさん

さすがはキャセイの機内食です。

HKG 香港ドラゴン航空 ｜ 香港〜羽田

Date: 2016/06/21
Airline: Dragon Air
FlightNo: KA396
From: Hong Kong
To: Tokyo
Class: Economy Class
情報提供: みっき〜！さん

同行者がいたので、ビーフとフィッシュをそれぞれ頼んで比べてみました。フィッシュは白身魚のグリル？ケチャップかけでした。ご飯かと思ったら下は一面のマッシュポテト。そうめんがさっぱりして美味しかったかな。

HKG 香港ドラゴン航空 ｜ コタキナバル〜香港

Date: 2015/07/28
Airline: Dragon Air
FlightNo: KA60
From: Kota Kinabalu
To: Hong Kong
Class: Business Class
情報提供: ネコパパさん

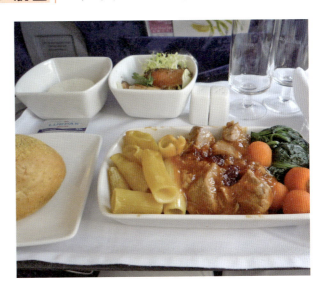

メイン料理は、チキンのシチュー。

Chapter 02 | Japan / East Asia

[TWN] チャイナエアライン｜成田〜台北

Date: 2016/08/14
Airline: China Airlines
FlightNo: CI101
From: Tokyo
To: Taipei
Class: Business Class
情報提供: イイナイイナさん

1. シャンパンを飲みながら、優雅に離陸待ち。 2. 和食をオーダー。全体的に濃い味付けです。 3. デザート。 4. あっという間に、台北到着です。

1	2
3	4

[TWN] チャイナエアライン｜羽田〜台北

Date: 2016/08/14
Airline: China Airlines
FlightNo: CI223
From: Tokyo
To: Taipei
Class: Business Class
情報提供: なおちんさん

朝食は中華を選択。お粥、塩卵、果物、焼売、ポークフロス、ポークプレゼ（角煮？）、ほうれん草と海藻のサラダでした。飲み物はリンゴジュース。

[TWN] チャイナエアライン 台北〜福岡

Date: 2016/08/21
Airline: China Airlines
FlightNo: CI116
From: Taipei
To: Fukuoka
Class: Economy Class
情報提供: ISHIZAKAさん

チキンを選びました。飛行機の中まで台湾気分です。

[TWN] チャイナエアライン 福岡〜台北

Date: 2016/08/19
Airline: China Airlines
FlightNo: CI117
From: Fukuoka
To: Taipei
Class: Economy Class
情報提供: ISHIZAKAさん

ポークを選びました。チャイナの機内食は美味しいです。

Chapter 02 | Japan / East Asia

[TWN] エバー航空 | 台北〜ソウル

Date: 2016/04/20
Airline: Eva Airways
FlightNo: BR170
From: Taipei
To: Seoul
Class: Business Class
情報提供: マヤアムさん

1. 離陸前のパイナップルジュース。**2.** シリアルと点心（海老餃子、ひき肉入り）。

1 | 2

[TWN] エバー航空 | 関西〜台北

Date: 2015/09/18
Airline: Eva Airways
FlightNo: BR177
From: Osaka
To: Taipei
Class: Business Class
情報提供: ましゅまろさん

ウェブ限定メニューの牛ステーキとポテトのソテー。熱々での提供で量もかなり多かったですが、美味しくいただきました。

TWN エバー航空 | 台北〜関西

Date: 2015/09/22
Airline: Eva Airways
FlightNo: BR132
From: Taipei
To: Osaka
Class: Business Class
情報提供: ましゅまろさん

朝食として提供された「鼎泰豐」メニューです。鶏肉も柔らかくスープも美味でした。

TWN エバー航空 | 関西〜台北

Date: 2016/02/27
Airline: Eva Airways
FlightNo: BR177
From: Osaka
To: Taipei
Class: Economy Class
情報提供: ぱーしーさん

昼食です。鶏肉のあんかけ、茄子のサラダ、チョコレートケーキ、パン。ハローキティジェットでの運航のため、あんかけにはリボン型の人参が、ケーキの上にはキティ型のチョコレートがのっていました。

[TWN] トランスアジア航空 | 台北〜関西

Date: 2016/06/22
Airline: TransAsia Airways
FlightNo: GE604
From: Taipei
To: Osaka
Class: Business Class
情報提供: wrongislandさん

[KOR] エアプサン | 成田〜釜山

Date: 2016/07/08
Airline: Air Busan
FlightNo: BX111
From: Tokyo
To: Busan
Class: Economy Class
情報提供: YoshiEさん

LCCなのに無料でホットミール、ソフトドリンク(ジュース)に驚き。

KOR 大韓航空 | タシケント〜ソウル

Date: 2016/03/13
Airline: Korean Air
FlightNo: KE942
From: Tashkent
To: Seoul
Class: Business Class
情報提供: noppo6さん

出発地のウズベキスタンは二重内陸国であるにもかかわらず、アペリティフから大ぶりのエビ、前菜ではマグロのスモークが登場したのは驚きでした。メインの山菜のビビンバも美味しかったです。最近はエコノミーでは提供されなくなった大韓航空のビビンバですが、ぜひ全クラスで復活してほしいものです。

Chapter 02 | Japan / East Asia

KOR 大韓航空 | 釜山〜成田

Date: 2015/05/04
Airline: Korean Air
FlightNo: KE715
From: Busan
To: Tokyo
Class: Economy Class
情報提供: やまさん

ブランチです。フェタチーズのサラダ バルサミコドレッシングを添えて、メインコースは海老のスイートチリソース炒めご飯とチンゲン菜を添えて。季節の新鮮なフルーツ、各種ロール。スイートチリソースといいながら、けっこうな辛さでさらに「コチュジャン、いりますか?」とは恐れ入りました。

KOR 大韓航空 | ソウル〜羽田

Date: 2016/04/21
Airline: Korean Air
FlightNo: KE2709
From: Seoul
To: Tokyo
Class: Business Class
情報提供: マヤアムさん

白身魚、ニョッキとコチュジャン。

KOR アシアナ航空 ｜ ソウル～ニューヨーク

Date: 2016/07/13
Airline: Asiana Airlines
FlightNo: OZ222
From: Seoul
To: New York
Class: Business Class
情報提供: namnamさん

1-3.昼食です。アシアナはビビンバが美味しいので必ず食べます。今回はサイドのチキン料理がボリューム満点でした。
4.フライト半ばで恒例の「辛ラーメン」。
5-6.昼前に到着のため二食目は朝食扱い。フルーツ、ヨーグルトとメインのラザニアです。

1	2
3	4
5	6

KOR アシアナ航空 | 成田〜ソウル

Date: 2016/09/07
Airline: Asiana Airlines
FlightNo: OZ103
From: Tokyo
To: Seoul
Class: Business Class
情報提供: AIR-TAKさん

ウェルカムドリンクはシャンパン。食事はアシアナ名物 栄養サンパプ。

KOR アシアナ航空 | ソウル〜香港

Date: 2016/09/07
Airline: Asiana Airlines
FlightNo: OZ745
From: Seoul
To: Hong Kong
Class: Business Class
情報提供: AIR-TAKさん

初めて乗ったA380。メインのステーキ、焼き具合がよく美味しかったです。ゆっくり味わうことができました。

BTN ドゥルックエアー | バンコク〜パロ

Date: 2014/03/21
Airline: Drukair
FlightNo: KB127
From: Bangkok
To: Paro
Class: Business Class
情報提供: とっぽじーじょさん

1
2
3

1-2.バンコク発、ダッカ経由パロ行き。朝食です。季節の果物、マンゴーヨーグルト、クラッカー＆チーズ、チョコレート、パン、メインはスモークサーモン入りスクランブルエッグでした。3.ダッカからパロの軽食は、野菜サンド。チキンサンドとの選択でした。大変美味しかったです。

Column 2

芸能界きっての"旅女_{たびじょ}"
眞鍋かをりさんが語る
「機内食と私」

30歳で初めての一人旅を経験して以来、その魅力にとりつかれ、今や旅番組や書籍・連載などでも活躍中の眞鍋かをりさん。今回は旅の中で出会った機内食にまつわる思い出や、そのたしなみ方について存分に語っていただきました。

初のファーストクラスで感激しすぎて……

あれは私がまだ20歳そこそこの頃だったと思う。人生でたった一度だけファーストクラスで海外へ行ったことがありました。

今考えても、なんて贅沢な経験だろう！と溜息が出てしまいますが、当時まだ田舎から出てきたばかりの小娘だった私にとっては、信じられないほどのシンデレラ体験。海外へ行くということよりも遥かに刺激的なビッグイベントだったのです。

もちろん自腹ではなく、お仕事で。そのときはテレビ番組のロケでアイルランドへ行ったのですが、ブリティッシュ・エアウェイズがタイアップについてくれたおかげで、私は幸運にも人生初の（そして最後かもしれない）ファーストクラスを満喫することができました。

機内に乗り込むとまず、個室のように設計されたプライベート感満載のシートに感動。
「なんだこのマンガ喫茶みたいな空間は……！」
ファーストクラスのシートをマンガ喫茶に例えてしまうあたり当時の私の若さを物語っていますが、あのときは心の底から感激しました。

しかし、シートのラグジュアリーさよりも衝撃を受けたのは、なんと言ってもファーストクラスの機内食。都内にある有名レストランの食事が飛行機の中で食べられるということも驚きでしたが、それ以前にまず、温かいお料理が真っ白なお皿に載って一品ずつ出てきたり、プラスチックではなくシルバーのカトラリーが並んでいることに、当時の私は大きなカルチャーショックを受けました。それまでは、箱型の容器にアルミの蓋がしてある機内食しか見たことがなかったですからね……　メインの「牛ほほ肉の赤ワインソース」なんて、ビックリするほど美味しかったなあ。

ちなみにそのフライトに感激しすぎた私は、機内で寝てしまうのをもったいなく感じ、到着までの13時間、一睡もせずに過ごしました。おかげでロケの最中は気を失いそうになるほど眠くなりましたが、寝る間を惜しんでファーストクラスを満喫したことは一生の思い出になりました。

ひとつだけ心残りがあるとすれば、当時の私はまだ、あまりお酒が飲めなかったこと。あれから15年……大のお酒好きと化した私として

眞鍋かをり

横浜国立大学卒業。バラエティに加え、報道・情報番組のコメンテーター、CMや執筆などマルチに活躍。「元祖・ブログの女王」と呼ばれる。また、芸能界きっての一人旅好きとしても知られ、著作に『世界をひとりで歩いてみた』『眞鍋かをりの世界ひとり旅手帖』(以上祥伝社)などがある。

は「ファーストクラスに乗ってワインを堪能しないとは……もったいないことをしやがって」と、若き日の自分を責めたい気持ちでいっぱいです。

航空会社の気合は○○でわかる!

今の私にとって、長時間フライトの一番の醍醐味はやっぱり機内食とお酒。ビジネスクラスに乗る機会があれば、席に着くなり、すかさずワインリストをチェックします。

ワインのセレクトには、各航空会社の気合が表れるもの。ですが、それ以上にわかりやすいのがサイドメニューとしてよく提供される「チーズの盛り合わせ」です。

私、"チーズプロフェッショナル"という資格を持っているのですが、チーズのプロとして見たときに、盛り合わせのセレクトから機内食に対する「本気度」が伝わってくるんです。レストランで出されるような本格的なチーズというのは、保存にも気を使うし、時間とともに熟成が進んでいくため扱い方が重要。それゆえに、すごく差が出やすい食材でもあるんです。

せっかく料理が一流レストランの監修でも、保存性の高い大量生産のチーズばかり揃えていると「あ、チーズは手を抜いたな」と感じるし、逆にセレクトが本格的すぎて「参りました……!」と唸ることも。

今まででもっとも感動したのは、ルフトハンザドイツ航空のチーズセレクト。デパ地下や専門店に並んでいるようなチーズが白カビ、青カビ、ウォッシュ系と取り揃えられていて、思わず「ここはワインバーなの!?」と錯覚しそうになりました。もちろん、機内食のクオリティもワインのセレクトも最高! そのときはひとり旅でしたが、友達やパートナーとおしゃべりしながらこんな素晴らしい機内食とお酒を楽しめたら、長距離移動もあっという間なんでしょうね。

今の私の野望は、もう一度ファーストクラスに乗ってワインと機内食を味わうこと。そのために目下、マイルを貯めまくっているところです。長距離路線をファーストクラスで往復できるくらいマイルが貯まる頃までには、ワインエキスパートの資格も取っておきたいなあ。

Southeast Asia / West Asia

東南アジア・西アジアの機内食

Chapter 03 — Southeast Asia / West Asia

ファーストにも負けないビジネスクラスの美しい一皿から、旅の雰囲気を味わえるエコノミーのワンプレートまで。見た目にも色鮮やかな機内食が並びます。

2012 TOMI NO OKA RED

Singapore Airlines is pleased to present the 2012 Tomi no Oka Red for your enjoyment.

In Japanese, the name Tomi no Oka means "hill of beautiful climbs" for the winery's spectacular views of Mount Fuji.

This beautiful hill's volcanic soil, low rainfall and long sunshine hours result in the exceptional flavour profile of the Tomi no Oka Red. The nose reveals a bouquet of blueberries and prunes, followed by chocolate and toasted notes on the palate. Mild tannins remain at the finish, leaving behind a robust tartness.

SGP シンガポール航空 | 羽田〜シンガポール

Date: 2016/07/12
Airline: Singapore Airlines
FlightNo: SQ633
From: Tokyo
To: Singapore
Class: Business Class
情報提供: Matsさん

1. 日本・シンガポール外交関係樹立50周年記念「SJ50記念 特別メニュー」。前菜はメニュー上説明がありませんが、エビのテリーヌ。 2. 主菜は黒毛和牛大和煮 付け合せ（麦飯、茄子、万願寺唐辛子、山椒）。 3. ワインは同じく50周年で7、8月限定で搭載されるサントリー「登美の丘（赤）2012」をいただきました。

1	2
3	

SGP シンガポール航空 ｜ シドニー～シンガポール

Date: 2016/09/17
Airline: Singapore Airlines
FlightNo: SQ212
From: Sydney
To: Singapore
Class: Business Class
情報提供: Tomo-Papaさん

シドニーを朝に出発する便は、朝食と昼食の2回フルサービスの食事でした。朝食はベルギーワッフル、ヌードル、チーズオムレツの3品からの選択。昼食は和牛ステーキ、シンガポール風焼きそば、チキンの3品からの選択でした。いずれも素晴らしいクオリティで大満足でした。

Chapter 03 | Southeast Asia / West Asia

| SGP | シルクエアー | ダバオ～シンガポール |

Date: 2016/04/16
Airline: SilkAir
FlightNo: MI566
From: Davao
To: Singapore
Class: Economy Class
情報提供: kksedneyさん

1-2.セブ発ダバオ経由シンガポール行きの後半のフライト。ミールのメインは魚の麺添え（こちらを選択）かチキンのポテト添え。甘いスイカとパイナップルがデザート、パン＆バター付き。魚は辛い味付けの揚げたフリッターで、ビーフンの中には野菜も入ってました。タイガービアーとコーラと一緒に。3.ミールを片付けるときに余りのミールをいただけるか尋ねたら、チキン＆ポテトのメインもいただいちゃいました。4.食後、オレンジジュースと赤ワイン（仏製）とおつまみを追加でもらい、シンガポール着。

1	2
3	4

SGP ジェットスターアジア
シェムリアップ〜シンガポール

Date: 2016/06/06
Airline: Jetstar Asia Airways
FlightNo: 3K602
From: Siem Reap
To: Singapore
Class: Economy Class
情報提供: Gakuchiさん

購入したホットミールです。

SGP ジェットスターアジア
シンガポール〜シェムリアップ

Date: 2016/06/03
Airline: Jetstar Asia Airways
FlightNo: 3K601
From: Singapore
To: Siem Reap
Class: Economy Class
情報提供: Gakuchiさん

購入したホットミールです。

THA バンコクエアウェイズ｜シェムリアップ〜バンコク

Date: 2016/03/20
Airline: Bangkok Airways
FlightNo: PG914
From: Siem Reap
To: Bangkok
Class: Economy Class
情報提供: 機内食大好きさん

Chapter 03 | Southeast Asia / West Asia

[THA] **タイ国際航空** | バンコク〜羽田

Date: 2016/10/05
Airline: Thai Airways
FlightNo: TG660
From: Bangkok
To: Tokyo
Class: Business Class
情報提供: ワイン大好きさん

1. ヴーヴのウェルカムドリンクから地上のレストランと変わらないワイングラスでの提供でした。
2-4. お食事は3種類からの選択。タイ料理のセットメニューと洋食、和食でした。以前はポートワインなどは小さなグラスだったのですが、こちらもグレードアップ。ポートもソーテルヌもデザートと美味しくいただきました。

1	2
3	4

THA タイ国際空港 | 福岡〜バンコク

Date: 2014/12/23
Airline: Thai Airways
FlightNo: TG649
From: Fukuoka
To: Bangkok
Class: Business Class
情報提供: まちゃまちゃさん

久しぶりのタイ航空でしたが、日系に負けないサービスは健在でした。

Chapter 03 Southeast Asia / West Asia

[THA] タイ国際航空 | ヤンゴン〜バンコク

Date: 2016/01/02　**From:** Yangon
Airline: Thai Airways　**To:** Bangkok
FlightNo: TG306　**Class:** Economy Class
情報提供: TOMOKOさん

タイ料理じゃなかったのが残念！

[THA] タイ国際航空 | 福岡〜バンコク

Date: 2015/12/29　**From:** Fukuoka
Airline: Thai Airways　**To:** Bangkok
FlightNo: TG649　**Class:** Economy Class
情報提供: りんごさん

昼食（魚）とデザート。日本路線は日本食があるので美味しかったです。

VNM ベトナム航空 ホーチミン〜ハノイ

Date: 2016/09/17
Airline: Vietnam Airlines
FlightNo: VN7282
From: Ho Chi Minh
To: Hanoi
Class: Economy Class
情報提供: TATUさん

夕食時間帯につき、しっかりとしたホットミール。鶏のあんかけごはんで、ベトナム風のピリッとした味付け。南国ベトナム、フルーツはいつ食べても美味しいです!

VNM ベトナム航空 ハノイ〜ホーチミン

Date: 2016/05/03
Airline: Vietnam Airlines
FlightNo: VN7259
From: Hanoi
To: Ho Chi Minh
Class: Business Class
情報提供: TATUさん

夕方の便につき、しっかりとした夕食でした。パンはバケットから選び放題で、非常に美味しかったです。メインのパスタもよかったです。

VNM ベトナム航空 | 関西〜ホーチミン

Date: 2016/03/14
Airline: Vietnam Airlines
FlightNo: VN321
From: Osaka
To: Ho Chi Minh
Class: Economy Class
情報提供: TATUさん

洋食を選択したのに、メインがポークカツ丼という不思議なもの。サラダが洋食の根拠のようです。

Chapter 03 Southeast Asia / West Asia

| IDN | ガルーダ・インドネシア航空 | 関西〜デンパサール |

Date: 2016/05/08
Airline: Garuda Indonesia Airlines
FlightNo: GA883
From: Osaka
To: Denpasar
Class: Business Class
情報提供: namnamさん

1.ウェルカムドリンクはシャンパンとオレンジジュース。2.バリニーズを選択しましたが、シーフードのスープはボリュームもあり、とても美味しかったです。3.メインはアヤムパンガン。4.同行の姉は和食で白身魚のみぞれあんかけ。5.到着前の軽食はいつものようにサテとビンタンビールをいただきました。

1	2
3	4
5	

MYS マレーシア航空 ｜ クアラルンプール〜関西

Date: 2016/02/08
Airline: Malaysia Airlines
FlightNo: MH52
From: Kuala Lumpur
To: Osaka
Class: Economy Class
情報提供: カピオラニ千恵さん

MYS マレーシア航空 ｜ 関西〜クアラルンプール

Date: 2016/02/06
Airline: Malaysia Airlines
FlightNo: MH53
From: Osaka
To: Kuala Lumpur
Class: Economy Class
情報提供: カピオラニ千恵さん

Chapter 03 Southeast Asia / West Asia

MYS エアアジア | クアラルンプール～シンガポール

Date: 2016/09/08
Airline: AirAsia
FlightNo: AK717
From: Kuala Lumpur
To: Singapore
Class: Economy Class
情報提供: Gakuchiさん

予約時に購入した機内食。チキンカレーです。飛行時間が短いので、配膳されたときは着陸態勢でした。

MMR マン・ヤダナポン・エアラインズ | ヘーホー～ヤンゴン

Date: 2016/01/02
Airline: Mann Yadanarpon Airlines
FlightNo: 7Y111
From: Heho
To: Yangon
Class: Economy Class
情報提供: TOMOKOさん

1時間弱のフライトなのにしっかり軽食が出ました。ロールケーキはちょっと甘かったかな。

IND エアインディア｜香港〜関西

Date: 2016/05/05
Airline: Air India
FlightNo: AI314
From: Hong Kong
To: Osaka
Class: Business Class
情報提供: REONALDさん

デリーから早朝に香港着のため、香港から関空は朝食の設定。3種類から選択。私は、サーモンとチキンバーグのグリルにインド米添え。食後のインドチャイは絶品。目の前でポットから注いでくれ、本場そのものの美味しさで忘れられません。

IND エアインディア 関西〜香港

Date: 2016/05/03
Airline: Air India
FlightNo: AI315
From: Osaka
To: Hong Kong
Class: Economy Class
情報提供: REONALDさん

メインは日本食（フィッシュ）か、インド食（チキン）かの二者択一。迷わず、インド食を頼みました。オクラとチキンのカレーで、インド米と美味しくいただきました。

IND エアインディア ニューデリー〜成田

Date: 2016/09/02
Airline: Air India
FlightNo: AI306
From: New Delhi
To: Tokyo
Class: Economy Class
情報提供: hida2011さん

コンチネンタルカレーだそうです。

Chapter 03 : Southeast Asia / West Asia

LKA スリランカ航空 | コロンボ〜ドーハ

Date: 2014/12/30
Airline: SriLankan Airlines
FlightNo: UL217
From: Colombo
To: Doha
Class: Business Class
情報提供: Matsuさん

1	2
3	4
5	

1. 午前2時50分発、約14時間のフライト。夕食はメインがチキンカネロニ、グリル野菜とオリーブ添え、サイドディッシュはオリーブとモツァレラチーズ入りクスクスサラダ。3-4. おやつとしてエミレーツ特製ベジタリアンピザ。サンドイッチなど温めずに簡単に出せるものが多い中、準備の必要なものを出しているのは良い点です。5. 朝食のベークドビーンズはイギリス式です。

ARE エミレーツ航空 ｜ ドバイ〜ニューヨーク

Date: 2016/03/28
Airline: Emirates Airline
FlightNo: EK203
From: Dubai
To: New York
Class: Economy Class
情報提供: Barneyさん

Chapter 03 | Southeast Asia / West Asia

ARE エミレーツ航空 | ケープタウン〜ドバイ

Date: 2016/03/27
Airline: Emirates Airline
FlightNo: EK773
From: Cape Town
To: Dubai
Class: Economy Class
情報提供: Barneyさん

1-2.午後1時半発、約10時間のフライトです。離陸後約2時間で出されたランチは2種類で、私はチキンビリヤニを選択。サイドディッシュはローストチキンとマカロニのサラダ。デザートはチョコレートムースケーキ。3.到着1時間前くらいにいただいた軽食は、チキンとモッツアレラチーズ、ペストソースのサンドイッチと、ホワイトチョコ・ブロンディー。4.一緒にいただいた白ワインは、フランスのソーヴィニヨン・ブランでした。

1	2
3	4

ARE エミレーツ航空 | ミラノ〜ドバイ

Date: 2016/03/14
Airline: Emirates Airline
FlightNo: EK206
From: Milano
To: Dubai
Class: Economy Class
情報提供: Barneyさん

レンズ豆とペストチキン、コーン、赤ピーマンのサラダ、サーモンのペッパーバターとホウレンソウ、パスタ添え。デザートはオレンジバニラデリッシュ。その他、パン、クラッカー、クリームチーズ、チョコレートなどおまけ品目が一通りついています。

ARE エミレーツ航空 | ドバイ〜ルサカ

Date: 2016/03/28
Airline: Emirates Airline
FlightNo: EK713
From: Dubai
To: Lusaka
Class: Economy Class
情報提供: しのったくんさん

1.朝食です。ミントレバノン風チーズボールとサラダ、シーズンフルーツなど。2.昼食。メインはラムのシチュー・温野菜・マッシュドポテト。

| 1 | 2 |

Chapter 03 | Southeast Asia / West Asia

ARE エティハド航空 | バンコク〜アブダビ

Date: 2015/08/05
Airline: Etihad Airways
FlightNo: EY405
From: Bangkok
To: Abu Dhabi
Class: Business Class
情報提供: Matsuさん

紅茶を頼むと、ちょっとしたお菓子をつけてくれたり、アイスクリームもいくつかあるフレーバーから選べたりとサービスはとてもよかったです。

[TUR] ターキッシュエアラインズ｜関西〜イスタンブール

Date: 2014/10/10
Airline: Turkish Airlines
FlightNo: TK46
From: Osaka
To: Istanbul
Class: Business Class
情報提供: TOMOKOさん

1. アペリティフのシャンパンとナッツ。2. カナッペ盛り合わせ。3. 前菜は「アジアの前菜各種」をチョイス。鰻のグリル／きのこのマリネ／アボカドソース／鶏肉の串焼き／ラディッシュ／かにの握り寿司／サーモンの手まり寿司。他のチョイスは、「地中海風前菜盛り合わせ」。4. ブロッコリーのスープ クルトン。ブロッコリーの風味が美味！5. メインは「牛ヒレ肉 タイムのソース／ニョッキ／オクラのソテー」。他のチョイスは「海老のグリル」「オヒョウの醤油添え（＊和食）」。6. 2回目の機内食ではバースデーケーキが。

1	2
3	4
5	6

Chapter 03　Southeast Asia / West Asia

TUR　ターキッシュエアラインズ｜イスタンブール〜パリ

Date: 2014/10/11
Airline: Turkish Airlines
FlightNo: TK1821
From: Istanbul
To: Paris
Class: Business Class
情報提供：TOMOKOさん

前菜はフレッシュフルーツ／ホームメードヨーグルト・ミューズリー／チキンとターキーの胸肉／チーズの盛り合わせ。メインはチーズトースト。

TUR　ターキッシュエアラインズ｜イスタンブール〜バルセロナ

Date: 2015/09/05
Airline: Turkish Airlines
FlightNo: TK1855
From: Istanbul
To: Barcelona
Class: Economy Class
情報提供：カピオラニ千恵さん

QAT カタール航空 | ドーハ〜テヘラン

Date: 2016/04/29
Airline: Qatar Airways
FlightNo: QR482
From: Doha
To: Tehran
Class: Economy Class
情報提供: まつみさん

シートベルトサインが消えたらすぐに機内食です。イラン行きなのでアルコールの搭載はなし。

QAT カタール航空 | ドーハ〜ホーチミン

Date: 2016/02/14
Airline: Qatar Airways
FlightNo: QR970
From: Doha
To: Ho Chi Minh
Class: Economy Class
情報提供: TATUさん

ベトナム時間10時頃、ブランチとしてサーブされます。スクランブルエッグとチキンソーセージ、ポテトがメインでした。美味しくいただきました。

Column 3

世界最高峰のエミレーツ航空
A380ファーストクラス搭乗記

取材協力=エミレーツ航空
撮影・取材=機内食ドットコム

中東のエミレーツ航空は、263の航空機を保有し、ドバイを拠点に世界84か国156都市に就航(2017年10月現在)。そのほか世界的なスポーツ大会やチーム、文化イベントのスポンサーを務めるエアラインブランドとしても有名です。今回はエミレーツのA380機に搭乗し、高度40,000フィートの「機上の晩餐」を堪能してきました!

チェックイン

今やエミレーツ航空は、もっとも近代的なワイドボディ機のエアバスA380型機や、ボーイング777型機の世界最大オペレーターとしても知られる。今回は成田国際空港第2ターミナルからA380に搭乗。その大きな機体ゆえに、チェックインは出発4時間前の18時過ぎから開始された。

成田のエミレーツ航空ラウンジ

さすがエミレーツというべきか、936平方メートルに174席を設けた空間は、1日1便を運航する空港のラウンジとしては驚異的な広さだ。内部は大理石や高品質のイタリアンレザーを使用したソファが特徴で、モダンながらも和のテイストも散りばめられている。

有名な円形上のブッフェ台には、サラダやオードブル、お寿司、ケーキなど常時10種類ほどが並ぶ。補充スピードも早く、きめ細やかなサービスが展開されている。シャンパンもビジネスクラスで提供されているのと同様の「モエ・エ・シャンドン」なのが嬉しい。スタッフに別途お願いすると、揚げたての天ぷらがいただけるのは、日本ならではのサービスだろうか。

ドバイに向け出発

出発30分前に優先搭乗が開始され、ゲートを通過してドバイ行きEK319のA380機内へ。2階最前方がファーストクラスで、全14席、背の高いパーティションで区切られている。ゴールドの縁が施された27インチのパーソナルモニターに、体に優しくフィットする高級レザー張りのシート。世界最高峰のファーストクラスに相応しい、木目調とアイボリーを基調とした空間が広がっている。

この日のA380は特別塗装機

シートに着席すると、エミレーツファーストクラスの代名詞的なシャンパン「ドン・ペリニヨン」がウェルカムドリンクとしてサービスされる。また中東のエアラインらしく、出発前にはアラビックコーヒーとデーツも引き続きサービスされる。

オンタイムで離陸後は、チーフパーサーがメニューを持って来てくださり、メニューの説明。機内食とドリンクメニューの豊富さ、そしてそのクオリティには、ただ驚くばかりだ。

夕食

前菜 / キャビア〜メルバトーストとブリンツとともに、付け合わせをたまねぎのみじん切り、卵のすりおろし、レモンと共に〜

スープ / オニオンスープ〜グリュイエールのクルトンを添えて〜

サラダ / 季節の葉物にお好みのトッピングとドレッシングを添えて

メイン / かぼちゃのペンネ〜ローストしたかぼちゃのソースとほうれん草のソテーのパスタにパルメザンパングラッタートをあしらって〜

La Clarte De Haut-Brion Blanc 2013
Pessac-leognan Bordeaux France

デザート / オレンジ、アーモンドとカルダモンのケーキ／エスプレッソマスカルポーネクリーム、サワーチェリーコンポート添え／季節のフルーツ／チーズ盛り合わせ／デザートワイン（Chateau Climens 2005 Bordeaux France）

Tea and Coffee Menu

食後 / エスプレッソとゴディバのチョコレート

食事後は、エミレーツ航空A380ならではのシャワーを浴びることに。木目調の壁に大理石のシンクがある落ち着いた空間は、通常の航空機の化粧室の7倍ほどの広さだろうか。シャワーからお湯が出る時間は約5分間。残り時間の表示もされているので、安心して利用可能だ。利用後は、その都度、シャワールーム専任のシャワーサービスアテンダンド（CSA）が次の利用客のために掃除と準備をするというから驚きだ。

すっきりした後は、アッパーデッキ（2階）の最後方にあるバーラウンジへ。世界各国から集まったお客様同士、半円形のバーカウンターを囲みつつ談笑されている風景は、何とも不思議で心地よい。

4時間ほど寝て、目覚めるともうアラビア海上空に差し掛かっていた。そのタイミングで朝食を用意していただいた。

朝食

ヨーロッパ風の冷静料理〜グリルドチキン、ローストビーフ、チェーダーチーズとフェタチーズ、オリーブを添えて〜

卵焼きクレープ〜日本式オムレツを組み合わせた焼きクレープ、かぼちゃのレシュティとトマトコンフィ添え〜

焼きたてのパン、ペストリー

・フレッシュフルーツ、ヨーグルト ・オレンジジュース

10時間40分の「空飛ぶホテル」での滞在時間中、ハード面もさることながら、多国籍メンバーで構成されたCAさんのホスピタリティに満ちたソフト面と、笑顔の素晴らしさに感心せざるをえなかった。A380機は、あっという間にドバイ国際空港に到着した。

お世話になったクルーの方たち

エミレーツ航空機内食工場を取材

ドバイではエミレーツ航空の機内食工場を取材。従業員は約1万人、自社のフライト用に18万食、130社に及ぶ他社便用に2万8千食を日々提供している、世界最大級のケータリング工場「エミレーツ・フライト・ケータリング（EKFC）」だ。なんと、私がこの機内食工場に取材見学に来た初の日本人とのこと。

この工場は、最高水準の安全基準を満たしている。入館する数週間前に、体調に関するアンケートを提出。当日は、複数のセキュリティチェックを受けてようやく中に入ることができた。

調理場だけでも500名以上のシェフが勤務しているという。他工場なら外部から仕入れるケースが多いパンなども、ここでは工場内で作っており、エミレーツの品質へのこだわりが表れている。

また、こちらの工場では和食専門の調理・盛り付け部屋がある。和食は特に、専門的な技術や盛り付け方法があるために、他の機内食とは異なる製造工程を設置しているそうだ。

最後に、チーズの盛り付け場へ。高品質のものを提供し、乗客からとても評判がいいということだ。

サラダを盛り付け中

パンの部門

機内食を運ぶフード・ローラー車

ドバイのエミレーツ航空ラウンジ

再びドバイ国際空港より出発だ。コンコースBにあるファーストクラスラウンジへ。ターミナルの1フロア全体がラウンジになっているという、想像を絶するスケールに驚愕。吹き抜け空間に約900の座席があり、とても開放的な雰囲気だ。免税店（コンコースA）やワインセラーなどもあり、もはやラウンジの域を超えている。

ラウンジに着くと、まずはマッサージSPAへ。さまざまな種類のコース（有料）が用意されているが、ファーストクラス利用者は15分間の無料マッサージを受けることができる。

ラウンジ内部

マッサージ受付

その後、朝食を食べにダイニングレストランへ。白のテーブルクロスが敷かれ、薔薇が置かれた約200のテーブル席は、高級ホテルのレストランのようだ。ここではアラカルトによるオーダーも可能で、私はフレッシュフルーツ、パンケーキ、スープ、目玉焼きなどをお願いしたが、どれも美味しい。

個人的に、この世界最高峰のラウンジで気に入ったのが寿司バーだ。目の前で刺身を切り、お寿司を握っていただき、ビールと共に食べることができる。

フランクフルトに向け出発

　ラウンジで優雅な時間を過ごし、B21番ゲートより、次のフライトへ搭乗。少し遅れているようだが、ドバイ空港ではディレイした時間も有意義に過ごせるさまざまな施設があるので、あまり苦にならない。

　行先は、EK45便フランクフルト国際空港行き。前回同様にA380での運航とあり、テンションも高まる。

　まず、お約束の「ドン・ペリニョン」のウェルカムドリンクだが、成田～ドバイ路線にはなかったロゼのドン・ペリニョンがあり、それをいただく。色鮮やかなロゼが、なお一層機内を華やかにする。ナイトフライトと異なり、機内食を食べるにもデイフライトのほうがテンションが高まるのは、なぜだろう。

スキンセットも用意

高級レターセット

ドン・ペリニョン・ロゼ・ビンテージ2005

デーツとコーヒーのサービス

ドン・ペリニョン・ロゼ・ビンテージ2005（左）とドン・ペリニョン・ビンテージ2006（右）

朝食

カナッペ／フェタチーズのマリネでつくった小さいタルト ナスのキャビアと七味添え／フォアグラを乗せたジンジャーブレッドと スモークソルト／ハーブに包まれたサーモンの鉄砲串

前菜／キャビア／メルバトースト、ブリヌイ 玉ねぎのみじん切り、卵、サワークリームとレモンの前菜

メイン／ビーフのルーラード〜肉汁、ジャガイモの団子、赤キャベツの炒め物を添えて〜

デザート／暖かい梨とチョコレートのクランブル バニラソース添え／ラズベリーヨーグルトとレッドカラント／季節のカットフルーツ

食後は、一風変わったボトルに入ったデザートワインを、ゴディバのチョコレートと共に。

デザートワイン

CAさんの丁寧なサービス

　EK45便はまもなく東欧上空に差し掛かり、最終目的地のフランクフルトまでもう少しだ。このA380から降機するのが、本当に名残惜しく残念でならない。そんな思いにさせてくれたエミレーツ航空の素晴らしさに改めて感動した。
　最後に、今回の取材に全面的にご協力いただいたエミレーツ航空に感謝申し上げたい。

Chapter 04
North America / Oceania

North America / Oceania 北米・オセアニアの機内食

ボリューム十分の人気メニューが多数登場！また、朝食、ランチ、ディナーと時間帯ごとに満足感の高い機内食がサーブされています。

USA | デルタ航空 | シンガポール〜成田

Date: 2016/08/24
Airline: Delta Air Lines
FlightNo: DL166
From: Singapore
To: Tokyo
Class: Business Class
情報提供: hironagaさん

1. ウェルカムドリンクは、シャンパンで。2. 早朝便のため、朝食は3種からスパニッシュオムレツを選択。3. 成田到着1時間半前にサーブされたランチ。4. 美味しくいただきました。

1	2
3	4

USA　デルタ航空｜台北～成田

Date: 2016/08/14
Airline: Delta Air Lines
FlightNo: DL166
From: Taipei
To: Tokyo
Class: Business Class
情報提供: amigoさん

メインは、ミックスシーフード、鶏肉の炒め物、ミックスグリーンサラダからサラダを選択。軽めがよかったので、ちょうどいい量でした。

USA　デルタ航空｜成田～台北

Date: 2016/06/09
Airline: Delta Air Lines
FlightNo: DL167
From: Tokyo
To: Taipei
Class: Business Class
情報提供: hironagaさん

1.4種からチョイス可能。ビーフテンダーロイン。2.デザートは、チーズケーキ。

Chapter 04 ｜ North America / Oceania

[USA] デルタ航空 ｜ 成田〜ホノルル

Date: 2015/11/12
Airline: Delta Air Lines
FlightNo: DL578
From: Tokyo
To: Honolulu
Class: Economy Class
情報提供: trgtkkさん

1.かつ丼かサーモンの選択でサーモン。ソースは少し甘めの味。2.到着1時間半前の朝食、いなり寿司。

1 | 2

[USA] デルタ航空 ｜ 成田〜デトロイト

Date: 2016/07/11
Airline: Delta Air Lines
FlightNo: DL276
From: Tokyo
To: Detroit
Class: Economy Class
情報提供: まぐさん

1.焼きそばは麺が少し固め。2.台湾風のから揚げ。美味しかったです。

1 | 2

| USA | ユナイテッド航空 | サンフランシスコ〜羽田

Date: 2016/06/16
Airline: United Airlines
FlightNo: UA875
From: San Francisco
To: Tokyo
Class: Business Class
情報提供: Gakuchiさん

Chapter 04 | North America / Oceania

USA ユナイテッド航空 | 羽田〜サンフランシスコ

Date: 2016/06/13
Airline: United Airlines
FlightNo: UA876
From: Tokyo
To: San Francisco
Class: Business Class
情報提供: Gakuchiさん

USA ユナイテッド航空 | グアム～関西

Date: 2016/03/15
Airline: United Airlines
FlightNo: UA151
From: Guam
To: Osaka
Class: Business Class
情報提供: てぃーなさん

内容はオムレツ。パンは数種類あり、おかわりもできました。

USA ユナイテッド航空 | 関西～グアム

Date: 2016/03/09
Airline: United Airlines
FlightNo: UA150
From: Osaka
To: Guam
Class: Business Class
情報提供: てぃーなさん

ビーフかチキンで、ビーフを選択。やわらかくて美味しかった。

Chapter 04　North America / Oceania

USA　アメリカン航空｜成田～ダラス

Date: 2016/06/08
Airline: American Airlines
FlightNo: AA176
From: Tokyo
To: Dallas
Class: Economy Class
情報提供: Wakurinさん

1. お昼ご飯。フィッシュかポークの選択で、後者をチョイス。カツ丼です。 2. 到着1時間ほど前に、朝食。メインは鮭の照り焼き。

| 1 | 2 |

USA　アメリカン航空｜ダラス～成田

Date: 2016/06/13
Airline: American Airlines
FlightNo: AA175
From: Dallas
To: Tokyo
Class: Economy Class
情報提供: Wakurinさん

ランチです。ビーフのミートボールを甘酢あんかけ風にしたものがメイン。味付けがいかにも「アメリカ風中華料理」といった感じでした。

USA ハワイアン航空 | ホノルル〜関西

Date: 2014/04/28
Airline: Hawaiian Airlines
FlightNo: HA449
From: Honolulu
To: Osaka
Class: Economy Class
情報提供: カピオラニ千恵さん

Chapter 04　North America / Oceania

CAN　エア・カナダ｜成田〜トロント

Date: 2004/05/01
Airline: Air Canada
FlightNo: AC2
From: Tokyo
To: Toronto
Class: Economy Class
情報提供: YoshiEさん

鰻がすごい。

CAN　エア・カナダ　ニューアーク〜トロント

Date: 2016/07/07
Airline: Air Canada
FlightNo: AC765
From: Newark
To: Toronto
Class: Business Class
情報提供: しのったくんさん

フルーツ盛り合わせ、ヨーグルト、クロワッサン、バター、ジュース・紅茶またはコーヒー。

CAN　エア・カナダ　羽田〜トロント

Date: 2016/06/29
Airline: Air Canada
FlightNo: AC6
From: Tokyo
To: Toronto
Class: Economy Class
情報提供: しのったくんさん

鶏肉団子　ちらし寿司、春雨サラダ、バターロール、チョコレートケーキ、ジュース・紅茶またはコーヒー。

MEX　アエロメヒコ航空 ｜ 成田〜メキシコシティ

Date: 2016/08/14
Airline: Aeromexico Airline
FlightNo: AM57
From: Tokyo
To: Mexico City
Class: Economy Class
情報提供: neroさん

1. メキシコといえばコロナビール。シーフード食をリクエスト。メインは白身魚のホワイトソースがけ。 2. 到着間際の食事。焼き鮭、切り干し大根、ホタテの煮物と和風でした。

| 1 | 2 |

NZL　ニュージーランド航空 ｜ オークランド〜成田

Date: 2016/04/08
Airline: Air New Zealand
FlightNo: NZ99
From: Auckland
To: Tokyo
Class: Economy Class
情報提供: カピオラニ千恵さん

Chapter 04 | North America / Oceania

[AUS] カンタス航空 | シンガポール〜メルボルン

Date: 2016/11/14
Airline: Qantas Airways
FlightNo: QF36
From: Singapore
To: Melbourne
Class: Business Class
情報提供: マヤアムさん

1.深夜便です。まずはパン。2.ポーク焼きそば。3.アイスクリーム（サマーベリークリーム味）。4.マッシュルーム、パンチェッタ、チェリートマトの入った卵。

1	2
3	4

[AUS] カンタス航空 | シドニー～オークランド

Date: 2015/08/28
Airline: Qantas Airways
FlightNo: QF143
From: Sydney
To: Auckland
Class: Economy Class
情報提供: taknzさん

鴨肉のサラダで味付け良好、野菜も新鮮でした。

[AUS] カンタス航空
メルボルン～シドニー

Date: 2016/11/15
Airline: Qantas Airways
FlightNo: QF442
From: Melbourne
To: Sydney
Class: Business Class
情報提供: マヤアムさん

トムヤムスープ（程よい辛さでした）。ナッツケーキ。

[AUS] カンタス航空
メルボルン～シドニー

Date: 2015/04/11
Airline: Qantas Airways
FlightNo: QF424
From: Melbourne
To: Sydney
Class: Business Class
情報提供: マヤアムさん

2品から選択。これはタマゴとハムです。

Column 4

航空カメラマンが伝授!
フォトジェニックな機内食写真の撮り方

取材協力=日本航空
撮影・解説=チャーリィ古庄

採光が限られ、揺れもある空間での機内食の撮影は意外と難しいもの。そこで今回は、世界中の飛行機を知りつくす航空写真家・チャーリィ古庄さんに、専門知識がなくてもスマホやデジカメでキレイに撮れる基本テクニックをお聞きしました(なお、撮影時はシャッター音やフラッシュなど、周囲の邪魔にならないよう、マナーにも注意しましょう)。

撮り方 / 基本 ①

まずは基本。機内食が出てきたら、撮影前にお皿やカトラリーなどの位置を整えよう。まっすぐなものはまっすぐに、縦横をしっかり出して置くこと。

また、袋入りのパンは袋から出し、ラッピングやプラスチックケース、アルミホイルなどは取る(意外と出てきた状態のままで撮影する人も多い)。取ったラップは、食器の下に敷く、汚れないなら自分の脇に置くなど見えないようにして、キレイな状態をつくろう。

あわせて、メーカーや品目が特徴的なデザートは、その特徴がわかるように。作例写真のチーズケーキは、あえて資生堂パーラーの袋に入れたままにした。

日本航空と資生堂パーラーがコラボしたハワイ線の機内食。左下の資生堂パーラーのロゴを出して、カトラリーも右下にキレイに並べてスマホで撮影。

出てきた状態のまま撮影。これではメインディッシュやサラダの中身も見えない。ビニールやラップは光ってしまって写真映りもよくない。

撮り方 基本 ❷

機内食の内容をわかりやすく撮るには、向かって正面、カメラの角度は斜め上から撮影するとよい。ただしシートピッチが広かったり、テーブルが遠い場合は自分の足が写りこむので、そうならないようにアングルを決めたい。さらに斜め上から撮る場合は、左右の水平が重要。

グレーのナプキンが下に敷かれ、メインディッシュなどの内容がはっきりわかる。画面をすっきりさせるため、フォークやナイフは映していない。

自分の足が写り、テーブルも遠く、散漫な写真に。

撮り方 ブレに注意

カメラにストラップを付けているなら、首にかけたストラップがピンと張るようにカメラを前に出そう。このピンと張ったテンションを利用して、揺れは身体で受け止め、優しくシャッターボタンを押せばブレずに撮影できる。もしストラップがついていなくても、ファインダー(覗き穴)越しに覗くとき、カメラと顔をべったり付けて押さえればブレを軽減できる。スマホなどでファインダーもない場合は、脇を締めて揺れないように注意して、そっとシャッターを押そう。

首にストラップをかけてカメラを持った手を前に伸ばせばブレ防止に。あとはアングルをカメラの背面モニターで見て、そっとシャッターを押す。

機体の揺れによってブレてしまった写真。撮影直後にモニターに撮った写真を拡大してブレを確認するか、多めに枚数を撮影しておくなど対策しておこう。

撮り方 / **ライティングで明るく**

いつも機内が明るいとは限らない。特にエコノミークラスだと読書灯だけでは照らす範囲が限られており、光が当たりづらい箇所が出てしまう。また、カメラを上に上げるとその影が機内食にかぶることもある。

そんなときにおススメなのが、スマホの懐中電灯アプリ。これで影も消すことができる。なおストロボ（フラッシュ）使用時は、ダイレクトで光を当てると露出オーバーになることもあるので、バウンス撮影（天井に光をあててその跳ね返った柔らかい光で撮影）すると自然な光で撮ることができる。ただし、就寝時など機内が暗い状況では、周囲に迷惑をかけないよう、ストロボの使用は控えるようにしよう。

左手にスマホを持ち、右手にカメラを持って適切に光が当たる位置で撮影中。照明を横から当てれば光と影で立体感を出すことも可能。

撮り方 / **斜めアングルでオシャレに**

わかりやすく機内食を撮影するなら正面上から見下ろすように撮るか、影ができないなら真上から撮るか。しかし、少しオシャレに撮るなら斜めアングルだ。背景と主役、脇役のバランスを考え、右斜め、左斜めを決める。難しく考える必要はなく、直感的に「こっちのほうがいいかな」と思えたほうから撮ればOKだ。

ワイングラスの場所を変えてもいいし、ごはんやパンは少し写りこむ程度（もしくは写さない）でも良い。メインディッシュを引き立てるようにすれば絵になりやすい。

窓側なら（光量や露出の問題もあるが）窓枠を入れたり、ビジネスクラスならモニターを入れて雰囲気を出す写真もありだ。

メインディッシュを斜めアングルで撮影。後ろのグラスは日本航空の鶴丸ロゴが見えるように配置。手の汚れや口紅がついてしまう前に撮影したい。また左下にはパンを見せてアクセントをつけた。

コラム執筆 **チャーリィ古庄**

撮り方　グッと寄ってボリュームを

機内食はお皿も低めのものが基本で高さがないため、一般の食事と比べてフラットな画になる。そこでグッとカメラを食事に寄せると、一味違うダイナミックな写真になる。コンパクトカメラの場合は接写モードや花モードで撮影すればよい。スマホなら手軽に接近しての撮影が可能だ。

スマホでグッと寄って撮影。特別なオプションやアプリがなくてもキレイに撮れる。

コンパクトカメラを接写モードにして寄ってみたが、カメラ性能の限界を超えてしまい、ピンボケ……。これでは美味しさが伝わらない。

エコノミークラスの機内食を、スマホで寄って撮影。メインが手前なら質感、ボリューム感を伝えることができる。

撮り方　グラスをかっこよく撮る

最近はエコノミークラスでもいいワインを出してくれることもあるので、ワイングラスを単体で撮影し、雰囲気を出してもよい。また、ビジネスクラスでのウェルカムシャンパンは上空でグラスに入った状態で撮影すると、雰囲気も出て、味のよさも伝わるだろう。なおグラスは縦長なので、縦位置での撮影がフレーミングしやすく、落ち着いた構図になるとともにワイングラスの高さも表現できる。

グラスに航空会社のロゴがあるエアラインはそれほど多くない。写真は日本航空のロゴ入りグラスを窓を入れて撮影。グラスの中では写る景色が逆さまになり、白い雲と青空が上下逆に写るのがおもしろい。撮影時にはなるべく水平に注意して、ロゴもはっきり見えるようシャッターを押した。

航空写真家、旅客機専門のカメラマンとして国内外の航空会社の公式機内食撮影を行い、多くの航空会社のWEBやパンフレットで写真が使用されている。「世界で最も多くの航空会社の飛行機に乗った人」としてギネス世界記録を持っている。

Chapter 05　Europe
Europe　ヨーロッパの機内食

欧州各国を代表するエアラインの機内食は、どれも「らしさ」満点。料理の盛り付けはもちろん、食器類も見ていて楽しくなるものが揃っています。

DEU　ルフトハンザドイツ航空 ｜ フランクフルト〜関西

Date: 2014/03/19
Airline: Lufthansa German Airlines
FlightNo: LH740
From: Frankfurt
To: Osaka
Class: Economy Class
情報提供: はるかさん

1

2

1. 夕食。鶏肉、ピーマンのヨーグルトソース、ご飯。ルフトハンザのマークが入ったチョコレート付きでした。2. 朝食。スクランブルエッグ、ポテト、チキン。毎回、ルフトハンザの機内食は期待を裏切らないので、お腹の空き具合に関係なくいつも完食してしまいます。

DEU ルフトハンザドイツ航空 | 関西〜フランクフルト

Date: 2015/12/26
Airline: Lufthansa German Airlines
FlightNo: LH741
From: Osaka
To: Frankfurt
Class: Premium Economy Class
情報提供: はるかさん

1

2

3

1.プレミアムエコノミーでは、オレンジジュースのウェルカムドリンクがありました。もちろん離陸後のドリンクサービス（スナック菓子付き）もあります。2.昼食です。前菜（スモークサーモン、玉ねぎのコールスロー）、ちらし寿司、主菜（ポークスライス、シャスールソース、フライドポテト、蒸しブロッコリー、ベビーキャロットのグラッセ）、デザート（洋梨のタルト）、パン。3.夕食です。豚肉の生姜焼き、玉ねぎ、人参、ピーマン、ご飯、新鮮なフルーツ、パン。とても快適に12時間のフライトを過ごせました。

Chapter 05 | Europe

DEU ルフトハンザドイツ航空 | ミュンヘン〜デュッセルドルフ

青い箱はチョコです。

Date: 2015/03/18
Airline: Lufthansa German Airlines
FlightNo: LH2016
From: Munich
To: Dusseldorf
Class: Business Class
情報提供: ゆかりさん

DEU ルフトハンザドイツ航空
フランクフルト〜サンクトペテルブルグ

チキンとマッシュポテト。

Date: 2017/01/06
Airline: Lufthansa German Airlines
FlightNo: LH1436
From: Frankfurt
To: St. Petersburg
Class: Economy Class
情報提供: マヤアムさん

DEU ルフトハンザドイツ航空
プラハ〜フランクフルト

チキン、サーモン。バニラムースにチョコレートがのせてあります。箱にはチョコレートが入っています。

Date: 2016/10/24
Airline: Lufthansa German Airlines
FlightNo: LH1399
From: Prague
To: Frankfurt
Class: Business Class
情報提供: マヤアムさん

DEU　ルフトハンザドイツ航空 | ブリュッセル〜フランクフルト

Date: 2014/05/25
Airline: Lufthansa German Airlines
FlightNo: LH1013
From: Brussels
To: Frankfurt
Class: Business Class
情報提供: マヤアムさん

サンドイッチ。黒すぐりの容器は、チョコレート。

DEU　ルフトハンザドイツ航空 | フランクフルト〜ヘルシンキ

Date: 2014/08/12
Airline: Lufthansa German Airlines
FlightNo: LH848
From: Frankfurt
To: Helsinki
Class: Business Class
情報提供: マヤアムさん

Chapter 05 | Europe

[FRA] エールフランス｜関西〜パリ

Date: 2016/06/17
Airline: Air France
FlightNo: AF291
From: Osaka
To: Paris
Class: Business Class
情報提供: hironagaさん

やはりエールフランス。美味しくいただきました。

FRA エールフランス｜成田〜パリ

Date: 2016/11/21
Airline: Air France
FlightNo: AF275
From: Tokyo
To: Paris
Class: Economy Class
情報提供: skun012さん

1. 事前に「アラカルトメニュー」のうち、「TRADITION」をお願いしました。2. 前菜はフォアグラ・鴨肉のいちじく添え。メインはコック・オー・ヴァンと温野菜、チーズとチョコレートケーキです。

| 1 | 2 |

FRA エールフランス｜パリ〜成田

Date: 2016/11/24
Airline: Air France
FlightNo: AF276
From: Paris
To: Tokyo
Class: Premium Economy Class
情報提供: skun012さん

1. 帰国便の食事は、アラカルトメニューの中から「LENÔTREセレクション」をオーダー。2. メインはチキンのウィーン風カツレツとレモン風味のハッシュポテト。

| 1 | 2 |

Chapter 05 : Europe

FRA エールフランス｜関西〜パリ

Date: 2016/03/15
Airline: Air France
FlightNo: AF291
From: Osaka
To: Paris
Class: Business Class
情報提供: mikoさん

1.ドリンクとアミューズ。2.前菜。3.メインはお肉。パンが美味しく、バターはイズニーのバターでした。前菜からデザート、お茶（フォション）まで美味しくいただけました。4.パリ到着直前の食事、鶏胸肉のグリル。ワインの種類が多く上質で良かった。

1	2
3	4

| GBR | ブリティッシュエアウェイズ | ロンドン〜ウィーン |

Date: 2015/10/04
Airline: British Airways
FlightNo: BA704
From: London
To: Vienna
Class: Business Class
情報提供: 機内食大好きさん

Chapter 05 | Europe

GBR ブリティッシュエアウェイズ | ロンドン〜ニューヨーク

Date: 2015/08/23
Airline: British Airways
FlightNo: BA115
From: London
To: New York
Class: Business Class
情報提供: TOTOさん

1. レベル高いです。噂に聞いていたアフタヌーンティーも堪能できました。まずはウェルカムドリンクのロゼシャンパーニュとおつまみです。2. オードブルの牛肉のたたきとサラダです。3. メインのラムです。4. デザートはマスカルポーネのケーキです。5. 2食目は、定番アフタヌーンティーです。

1	2
3	4
5	

GBR ブリティッシュエアウェイズ｜ウィーン～ロンドン

Date: 2015/10/01
Airline: British Airways
FlightNo: BA703
From: Vienna
To: London
Class: Business Class
情報提供: 機内食大好きさん

GBR ブリティッシュエアウェイズ ロンドン～チューリッヒ

Date: 2016/09/19
Airline: British Airways
FlightNo: BA720
From: London
To: Zurich
Class: Business Class
情報提供: マヤアムさん

チキンサラダ。BA定番の夕食です。

GBR ブリティッシュエアウェイズ ロンドン～バーセル

Date: 2016/09/21
Airline: British Airways
FlightNo: BA752
From: London
To: Basel
Class: Business Class
情報提供: マヤアムさん

コンチネンタルブレックファーストをチョイス。ハムとチーズ。

Chapter 05 | Europe

FIN | フィンランド航空 | 成田〜ヘルシンキ

Date: 2015/11/09
Airline: Finnair
FlightNo: AY74
From: Tokyo
To: Helsinki
Class: Business Class
情報提供: 維納さん

1.アミューズブッシュ。モルタデラソーセージときゅうり。2-3.ミックスグリーンサラダ。鶏肉のガランティーヌと北欧風サーモン。4.グリーンランド産オヒョウのから揚げ、野菜餡、里芋の煮物、のり玉の俵ご飯。5.または豚肉の山椒餡掛け、野菜の煮物、ごまの俵ご飯。6.デザート。

1	2
3	4
5	6

FIN フィンランド航空 | ヘルシンキ〜プラハ

Date: 2016/10/22
Airline: Finnair
FlightNo: AY717
From: Helsinki
To: Prague
Class: Business Class
情報提供: マヤアムさん

1. プレッツェルとベリージュース。2. 麦のパンにのせたクリームチーズ、タラとつぶしたブロッコリー、ブルーベリーケーキ（お皿は大きいけど、少しでした）。

1 | 2

FIN フィンランド航空 | ヘルシンキ〜ロンドン

Date: 2016/08/08
Airline: Finnair
FlightNo: AY995
From: Helsinki
To: London
Class: Business Class
情報提供: 世界一周さん

コーヒーを美味しくいただけました。フィンランドの1人当たりのコーヒー消費量は高いらしいです。デザートはカボチャプリン。

Chapter 05 | Europe

AUT オーストリア航空 | ウィーン〜成田

Date: 2016/06/30
Airline: Austrian Airlines
FlightNo: OS51
From: Vienna
To: Tokyo
Class: Economy Class
情報提供:Gakuchiさん

AUT オーストリア航空 | ウィーン〜フランクフルト

Date: 2014/07/01
Airline: Austrian Airlines
FlightNo: OS125
From: Vienna
To: Frankfurt
Class: Business Class
情報提供: 機内食大好きさん

ウィーン名物のウィーン風カツレツでした！

AUT オーストリア航空 | ドゥブロヴニク〜ウィーン

Date: 2014/07/01
Airline: Austrian Airlines
FlightNo: OS732
From: Dubrovnik
To: Vienna
Class: Business Class
情報提供: 機内食大好きさん

オーストリア航空の機内食は、クオリティが非常に高く最高です！

Chapter 05 | Europe

NLD KLMオランダ航空 | アムステルダム〜成田

Date: 2016/04/04
Airline: KLM Royal Dutch Airlines
FlightNo: KL861
From: Amsterdam
To: Tokyo
Class: Business Class
情報提供: Shige-moriさん

ホテルオークラアムステルダム監修の和食で、完璧な和食でした。1週間ぶりの日本酒もいけます！

NLD KLMオランダ航空 | 関西〜アムステルダム

Date: 2015/07/31
Airline: KLM Royal Dutch Airlines
FlightNo: KL868
From: Osaka
To: Amsterdam
Class: Economy Class
情報提供: ぱっちりこさん

包装紙から紙コップまで、同じ模様でおしゃれでした。お味もよかったです。

ESP イベリア航空 | 成田〜マドリード

Date: 2016/10/22
Airline: Iberia Airlines
FlightNo: IB6800
From: Tokyo
To: Madrid
Class: Business Class
情報提供: tx1さん

Chapter 05 | Europe

ITA アリタリア-イタリア航空 | アブダビ～ミラノ

Date: 2016/10/15
Airline: Alitalia
FlightNo: AZ857
From: Abu Dhabi
To: Milan
Class: Economy Class
情報提供: -EFさん

1. 朝食はチョイスなしでオムレツ＆ラタトゥイユです。チョコレートデニッシュが付くのもイタリアの朝食ならでは。2. リフレッシュメントはシンプルなハムとチーズのサンドイッチ。

1 | 2

PRT TAPポルトガル航空 | フランクフルト～リスボン

Date: 2016/10/25
Airline: TAP Air Portugal
FlightNo: TP573
From: Frankfurt
To: Lisbon
Class: Business Class
情報提供: マヤアムさん

1. ピーナッツとアルコールなしビール。2. イベリコハム、シコン、塩ダラとジャガイモ、カスタード。

1 | 2

1	2
3	4

CHE スイス航空 ｜ チューリッヒ～成田

Date: 2016/10/29
Airline: Swiss International Airlines
FlightNo: LX160
From: Zurich
To: Tokyo
Class: Economy Class
情報提供: まつみさん

1.まずはスナックから。ビールのデザインがスイスらしくてかわいいです。2.ランチは和食（若鶏のネギ醤油仕立て）と洋食（トマトとネギ、マッシュルームソースのニョッキ）です。チューリッヒの老舗ベジタリアンレストラン「HILTL」が監修してるということでニョッキに。3.リフレッシュメントは2種類。こちらはハムサンド。4.朝食は1種類のみでフリッタータとチキンソーセージ、フルーツにヨーグルトでした。最後にチョコも配られました。

Chapter 05 | Europe

| SWE/DNK/NOR | スカンジナビア航空 | 成田〜コペンハーゲン |

Date: 2016/07/02
Airline: Scandinavian Airlines
FlightNo: SK984
From: Tokyo
To: Copenhagen
Class: Premium Economy Class
情報提供：ウサギ♂さん

1.食前酒：ブラッドメアリー＆スパークリングワイン。2-3.牛肉の赤ワイン煮or焼き鳥丼。4-5.軽食（夕食）：パスタの鮭クリームソース。

	1	
2		3
4		5

CZE チェコ航空 | ソウル〜プラハ

Date: 2016/10/13
Airline: CSA Czech Airlines
FlightNo: OK191
From: Seoul
To: Prague
Class: Economy Class
情報提供: ケチャックさん

1. 搭乗2時間後の食事はポーク、チキン、プルコギから。私はポークを選択。 2. 二度目の食事はビーフとチキンからで、チキン。

| 1 | 2 |

HRV クロアチア航空 | フランクフルト〜ザグレブ

Date: 2014/06/29
Airline: Croatia Airlines
FlightNo: OU415
From: Frankfurt
To: Zagreb
Class: Business Class
情報提供: 機内食大好きさん

Column 5

極上のサービスを体感！
プライベートジェットの機内食 徹底レポート

取材協力＝朝日航洋株式会社
撮影・取材＝機内食ドットコム

多くの方にとって近寄りがたく、ベールに包まれた存在のプライベートジェット機。しかし、近頃は一般の人でも、観光やビジネスを目的にチャーターするケースもあるとか。今回の取材では、実際にプライベートジェットに搭乗し、あわせてそこでの機内食も堪能しました。プレミアムな体験をレポートします！

世界を股に掛ける経営者や芸能人が使用するなど、VIPなイメージのあるプライベートジェット（以下、PJ）。アメリカでは18,000機ものPJが運航されているのに対し、日本ではわずか6機前後と、日本人には特になじみが薄い存在です。
しかし、実は日本にもこのPJ機を一般の消費者がチャーターできる会社が存在し、積極的に広報もされています。今回はPJの運航をされている朝日航洋様の全面協力のもと、機内への搭乗と機内食を体験させていただきました。

胸が高鳴る搭乗時

搭乗したのは、県営名古屋空港（小牧空港）。PJ搭乗前は、まず専用のラウンジで待機し、時間になれば航空機へ。ラウンジもとてもシックで、大人の雰囲気の空間が広がっています❶。
航空機に近づくと、そこにはテレビでよく見る赤絨毯が敷かれ、その先にはタラップがあり、機内へ❷❸。広い空間と豪華さにびっくり。8名乗りと聞いていたので狭い機内をイメージしていましたが、贅沢な空間の演出に胸の高まりが止まりません。

搭乗した機体は、SUPER MIDSIZEというクラスのC680サイテーション・ソブリン。8名まで搭乗可能、巡航速度848km/H、航続距離5,272kmを誇る。韓国・中国・台湾などの近隣アジア諸国までフライトできる。

サービスは美味しいシャンパンから

　さっそく、お待ちかねの機内サービスへ。座席横から出したテーブルをセットし、真っ白なテーブルクロスが敷かれ、これからのサービスに心が躍ります。

　まずは、ウェルカムドリンクとして、ドン・ペリニヨン2006 ❹。シャンパンの細かな泡立ちが品質の良さを物語っています。おつまみ ❺ とのマリアージュもぴったり。

　そして機内食サービス（午餐）の開始。3種のアミューズ・ブーシュが運ばれてきました ❻。

アペタイザーは2皿 ❼❽。見た目にも鮮やかな料理が並びます。

ドン・ペリニヨン2006

おつまみはメキシコ産のブルーベリーと季節の山形産サクランボ、岡山産のマスカット。

生ハム（プロシュート）、ミラノサラミ、タコとナスのレモンマリネ（トマト、オレガノ、レモン、はちみつでマリネーゼ）。ミックスナッツ。小倉山荘「をぐら山春秋」あられ

（右手前）キャビア、エッグヨークエッグイエロー、カーズクラッカー（イギリス）、マスカルポーネチーズ（イタリア）

生ハム（プロシュート）、老舗王子サーモン社製のスモークサーモン、カラフルプチトマトのカプレーゼ（アイスプラント、モッツァレラチーズ）

食材の質と産地にもこだわりが

　パンはキャビンコンシェルジュさんがバスケットの中に入れて、テーブルまで❾❿。量よりも質を追求した結果、パンのサイズも一回り小さいものになっているそうで、クオリティの維持と追求が素晴らしいと思いました。
　次にサラダ⓫とスープ⓬。スープは、淡路島産の玉ねぎのオニオンスープで、海外のお客様に人気とのこと。
　基本的に使用する食材は、山形産のサクランボ、淡路島産の玉ねぎなど、「この季節といえばこの産地！」というものをなるべく揃えるようにしているこだわり具合です。

本日のパンは、発酵クロワッサンとモハンベルレーズンとクルミのブロート

広島産野菜のオーガニックサラダ、クルミとともに（味噌マヨネーズソース添え）

オニオンスープ

メインディッシュの美味しさに感動

いよいよメインへ。ローストビーフが登場です⓭。この美味しさには感動。メインは洋食が多いそうですが、お客様の要望に合わせて素材の産地を変えるなど、オーダーに沿って内容を創っていくとのこと。1枚約130グラムが標準らしく、ボリューム満点です。

そして、楽しみなデザートはいくつもの種類が用意され⓮⓯、シャンパンやワインとの相性も良く、素晴らしい午餐に。

オーストラリア産牛サーロインのローストビーフ、コンソメソースにブラックトリュフソルトを添えて。ベイクドズッキーニとインゲンの付け合わせ　タプナードソース

チーズ盛り合わせ（カマンベール、ミモレット、ブラックペッパーチーズ）、フレッシュフルーツ（マスクメロン、サクランボ、マンゴー、巨峰、マスカット）

カカオ分70％以上のチョコレートを利用したチョコレートムース、ラ・ヴィーナスとあんみつパフェ

至るところにPJならではの工夫

　最後にコーヒーをいただきます⓰。このコーヒーカップ、少し普通のカップと違うのがわかりますか？ 実は、取っ手がないのです。その理由は、重ねたときに収納に困らないからだそう。また、このカップにはサラダを入れたり、他の食材を入れる役割も果たします。限られたスペースでやりくりするPJならではの工夫ですね。

　名古屋出発の場合には名古屋名物のひつまぶし⓱や、トヨタ博物館カレーなど地域性を重視した品をご用意。また、機内食器やカトラリーはノリタケの食器を用意するなど、随所にこだわりが垣間見えます。

食後のコーヒー

ひつまぶし

　基本的にPJでの機内食はお客様の意向に沿った内容になるので、事前のリサーチにかなりの時間を費やしているそうです。お客様によっては、京都の有名料亭や、リッツカールトンホテルの食事を機内で食べたいというリクエストもあり、できるだけの対応は行うとのこと。まさしく「天空のプライベートダイニング」という名にふさわしい食事とサービスですね。

会社情報

朝日航洋株式会社

所在地 東京都江東区新木場四丁目7番41号
ご利用のお問合せ 03-3522-0647（平日9:00〜17:30）

その他詳細はホームページをご覧ください。
https://www.aeroasahi.co.jp/

　朝日航洋ではビジネスやプライベートユースに最高、最適にアクセスできるツールとして、早くからプライベートジェットの運航を始め、すでにさまざまなお客様の要請により、国内・国際路線のチャーター運航を行っています。24時間お好きな時間に、定期便のない路線やアッパークラスのない路線を飛び、短時間で複数都市を訪問することも可能です。季節や地域を超越し、他のお客様に気を遣わず、何より安全安心、静かで快適な機内で、ごゆっくりおくつろぎください。

　また、国内のみならず、韓国、中国、台湾、グアム、サイパンなどの近隣アジア諸国までフライトできるプライベートジェットを運航。もちろん世界に広がるプライベートジェットのアライアンスネットワークから、日本からの長距離路線や、外国内でのチャーター運航にも対応しておりますので、どうぞお気軽にお問合せください。

※朝日航洋は、航空局から航空運送事業免許を取得しているだけでなく、IS-BAOやWYVERNという世界的な航空安全監査をパスした航空会社です。

South America / Africa 南米・アフリカの機内食

|Chapter 06|
|South America / Africa|

日本人にはなじみの薄い路線が多い南米、アフリカエリア。機内食のメニューや飲みものもどこか独特で、異国情緒を感じることができます。

CHL LAN航空 ｜ ニューヨーク〜リマ

Date: 2014/01/23
Airline: LAN Airlines
FlightNo: LA531
From: New York
To: Lima
Class: Business Class
情報提供: マヤアムさん

1
―
2

1. 夕食です。サラダ／エクアドル風エビマッシュルーム入りピラフ／パッションフルーツフラン。2. 朝食です。オムレツ／フルーツ／ヨーグルト。

| CHL | **LAN航空** | サンティアゴ〜イースター島

Date: 2015/10/01
Airline: LAN Airlines
FlightNo: LA841
From: Santiago
To: Easter Island
Class: Economy Class
情報提供: 織崎 渚 さん

国内線とは言え、5時間近くのフライトのため、国際線の朝食と同じような食事が出ました。それだけでは足りない乗客は、サンドイッチをもらうこともできました。

Chapter 06 | South America / Africa

CHL LAN航空 | リマ～ニューヨーク

Date: 2015/05/03
Airline: LAN Airlines
FlightNo: LA2530
From: Lima
To: New York
Class: Economy Class
情報提供: ヒッシーさん

0時30分発の深夜便だったので軽食かと思ったら、結構重い夕食でした。

CHL LAN航空 | オークランド～シドニー

Date: 2015/04/20
Airline: LAN Airlines
FlightNo: LA801
From: Auckland
To: Sydney
Class: Economy Class
情報提供: kksydneyさん

朝食の選択はなくコンチネンタルブレックファーストです。メインは大きめのクロワッサンサンド（厚めのチーズとハムが挟んであります）で食べ応えがあります。サイドにはフレッシュフルーツ（スイカ、パイナップル、リンゴ）、パン、バター、イチゴジャムにクラッカー付き。

[CHL] LAN航空 | ブエノスアイレス〜リマ

Date: 2015/04/29
Airline: LAN Airlines
FlightNo: LA2604
From: Buenos Aires
To: Lima
Class: Economy Class
情報提供: ヒッシーさん

朝8時15分、ブエノスアイレスからリマへの約5時間のフライト。朝食で、ハム&チーズサンドとフルーツの軽食。

[CHL] LAN航空 | リマ〜クスコ

Date: 2015/04/29
Airline: LAN Airlines
FlightNo: LA2039
From: Lima
To: Cusco
Class: Economy Class
情報提供: ヒッシーさん

ブエノスアイレスからの乗り継ぎで、リマからクスコへの1時間20分程の国内線フライト。観光客が多い路線。中身はスナック菓子でした。

Chapter 06 | South America / Africa

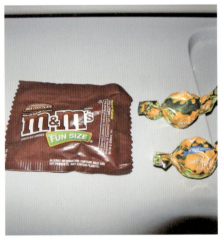

BRA | LATAM ブラジル | ニューヨーク〜リオデジャネイロ

Date: 2015/04/23
Airline: LATAM Airlines Brazil
FlightNo: JJ8079
From: New York
To: Rio De Janeiro
Class: Economy Class
情報提供: ヒッシーさん

2.夕食：スパゲッティといっていたが、ラビオリ？ 味は○。 3.ギャレイでは、自由に飲み物を飲めます。4.お菓子を配布。

1	2
3	4

MUS モーリシャス航空
モーリシャス〜ヨハネスブルグ

Date: 2015/12/24
Airline: Air Mauritius
FlightNo: MK851
From: Mauritius
To: Johannesburg
Class: Economy Class
情報提供: しのったくんさん

オムレツとソーセージ、ポテトとひよこ豆、フルーツ、クロワッサンとパン、南アのブランド「ceres」のジュース、紅茶。

ETH エチオピア航空
香港〜成田

Date: 2016/07/10
Airline: Ethiopian Airlines
FlightNo: ET672
From: Hong Kong
To: Tokyo
Class: Economy Class
情報提供: ゆずちゃさん

アディスアベバ発〜香港経由〜成田行きで、香港〜成田区間を利用。ビーフorチキンで、ビーフをチョイス。

ZAF エアリンク｜ルサカ〜ヨハネスブルグ

Date: 2015/04/02
Airline: SA Airlink
FlightNo: 4Z8165
From: Lusaka
To: Johannesburg
Class: Economy Class
情報提供: しのったくんさん

エアリンクの機内食はすべてコールドミール。チキンとフルーツのロール、チョコレートケーキ。こじゃれたパッケージに入っていました。

Chapter 06 : South America / Africa

ZAF 南アフリカ航空 | ヨハネスブルグ〜香港

Date: 2016/03/16
Airline: South African Airways
FlightNo: SA286
From: Johannesburg
To: Hong Kong
Class: Economy Class
情報提供: Barneyさん

1
―
2
―
3

1. 全部南ア産のワインです。1本はピノタージュ、2本目はメルロー。その他カベルネ・ソーヴィニヨンがありました。**2.** 食事は、ビーフラザーニャ、ポークとジャスミンライス（中華）の2種類ですが、ベジタリアンミールも多少置いており、全部で3種類でした。食べたのはラザーニャ。ひき肉がたっぷりで、かなり重厚でした。**3.** 到着2時間前の朝食は、メインがフリッタータ、ベーコン、マッシュルームとプチトマト、その他フルーツ、ヨーグルト、クロワッサン。

ZAF 南アフリカ航空 | 香港〜ヨハネスブルグ

Date: 2016/03/25
Airline: South African Airways
FlightNo: SA287
From: Hong Kong
To: Johannesburg
Class: Economy Class
情報提供：Barneyさん

1
—
2
—
3

1. 夕食のメインは3種類用意されていますが、3種類目のベジタリアン（ペンネパスタ）は10％だけ、私が選んだ洋食のビーフは50％、中華のチキンが40％という割合で積み込まれていました。洋食の内容はビーフシチュー、グリーンピースとスクワッシュ（西洋カボチャ）、リングイネを添えたもの。**2.** ワインは南ア産のピノタージュ（ピノノワールとエルミタージュをかけ合わせた南ア原産品種）。**3.** 朝食は2種類で、スクランブルエッグとベーコン、プチトマト、ポテトなどの定番メインが70％、中華の焼きそばが30％の比率で積み込まれていました。焼きそばを選択。

Chapter 06 | South America / Africa

ZAF 南アフリカ航空 | ヨハネスブルグ〜香港

Date: 2014/12/16
Airline: South African Airways
FlightNo: SA286
From: Johannesburg
To: Hong Kong
Class: Business Class
情報提供: しのったくんさん

1.ウェルカムシャンパン。2.ワインは当然、南アフリカのワインセラーよりチョイス。食前酒、おつまみ3種盛り合わせ。3.季節のサラダ、クリームポタージュスープ、パン。4.エビのチャーハン。香港の著名なレストランのシェフ監修のもの。5.ニューヨークチーズケーキ、いちご。

1	2
3	4
5	

ZAF 南アフリカ航空
ヨハネスブルグ～ルサカ

Date: 2016/05/02
Airline: South African Airways
FlightNo: SA62
From: Johannesburg
To: Lusaka
Class: Economy Class
情報提供: しのったくんさん

チキンカレーとサフランライス、温野菜、ギリシャサラダ、バター・ジャムとパン、マカロン、紅茶またはコーヒー。

ZAF 南アフリカ航空
ヨハネスブルグ～ルサカ

Date: 2016/05/02
Airline: South African Airways
FlightNo: SA62
From: Johannesburg
To: Lusaka
Class: Economy Class
情報提供: しのったくんさん

ビーフストロガノフとスパゲッティ、ギリシャサラダ、バター・ジャムとパン、マカロン、紅茶またはコーヒー。

ZAF 南アフリカ航空
ケープタウン～ヨハネスブルグ

Date: 2016/08/27
Airline: South African Airways
FlightNo: SA332
From: Cape Town
To: Johannesburg
Class: Economy Class
情報提供: ヒッシーさん

昼食。何か覚えてませんが、フィッシュだったような?

ZAF 南アフリカ航空
リビングストン～ヨハネスブルグ

Date: 2016/08/23
Airline: South African Airways
FlightNo: SA49
From: Livingstone
To: Johannesburg
Class: Economy Class
情報提供: ヒッシーさん

13時発だったのでホットミール。ビーフと言っていました。

Chapter 07 Special

Special 特別機内食

お子様向けメニューや低カロリー食、ベジタリアン食など乗客のニーズに沿ったものを提供してくれる「特別機内食」。リクエストに応えてくれるだけでなく、その味も絶品です。

JPN JAL（日本航空） | 成田〜ニューヨーク

Date: 2014/08/21
Airline: Japan Airlines
FlightNo: JL6
From: Tokyo
To: New York
Class: Economy Class
情報提供: Yonetchさん

1
2

1.往路1食目です。2.往路2食目です。チャイルドミールは、主食のボリュームが少なめで、副菜もカットが小さいフルーツだったりと専用の内容となっていましたが、一般的なお子様ランチよりもしっかりとした食事でした。

[JPN] ANA（全日空） | 羽田〜ソウル

Date: 2016/04/20
Airline: All Nippon Airways
FlightNo: NH861
From: Tokyo
To: Seoul
Class: Economy Class
情報提供: まつみさん

特別機内食の低カロリー食を予約。メインは白身魚で、淡白ではあるけどボリュームがあって美味しかったです。

[KOR] 大韓航空 | ソウル〜成田

Date: 2015/08/20
Airline: Korean Air
FlightNo: KE1
From: Seoul
To: Tokyo
Class: Economy Class
情報提供: neroさん

特別機内食でヴィーガン食。ライスヌードルに大豆でできた鶏肉風、アスパラ、パプリカ、きくらげのピリ辛オリエンタルな味付け。絶品でした。

Chapter 07 | Special

KOR 大韓航空 | ソウル〜福岡

Date: 2016/07/03
Airline: Korean Air
FlightNo: KE781
From: Seoul
To: Fukuoka
Class: Economy Class
情報提供: ISHIZAKAさん

スペシャルミール「ベジタリアンオリエンタルミール」。肉やエビに見えるのは、大豆たんぱくから作られています。

KOR アシアナ航空 | 那覇〜ソウル

Date: 2015/11/02
Airline: Asiana Airlines
FlightNo: OZ171
From: Okinawa
To: Seoul
Class: Economy Class
情報提供: fisiさん

特別機内食の低脂肪食。主菜は鶏むね肉を蒸して（うす塩味）、トマト・いんげん・人参・じゃがいもを添えたものです。副菜は鮭を蒸したもの。それと果物。

KOR アシアナ航空 | サンフランシスコ～ソウル

Date: 2016/03/30
Airline: Asiana Airlines
FlightNo: OZ211
From: San Francisco
To: Seoul
Class: Economy Class
情報提供: キャリーさん

特別機内食のムスリムミール。お肉も野菜もたっぷり。二種の煮込みがバスマティライスによく合います。チョコレートケーキは濃厚。

KOR アシアナ航空 | ソウル～サンフランシスコ

Date: 2016/03/26
Airline: Asiana Airlines
FlightNo: OZ212
From: Seoul
To: San Francisco
Class: Economy Class
情報提供: キャリーさん

チャイルドミールは、オムライスとソーセージ、トッカルビと味付けご飯、チャーハンとチキンナゲット、ミートボールトマトソースパスタの4種からチョイスできます。温めてある容器には卵料理、ソーセージ、ポテト料理などゴロゴロ。

Chapter 07 | Special

USA デルタ航空 | ホノルル〜成田

Date: 2015/11/17
Airline: Delta Air Lines
FlightNo: DL579
From: Honolulu
To: Tokyo
Class: Economy Class
情報提供: trgtkkさん

1-2.特別機内食のLFML（低脂肪食）。メインはグリルしたチキンブレスト、下はピラフ。味は美味しかったです。3.途中、ドリンクとおつまみが配られました。4-5.到着1時間半前の軽食。中はグリルした野菜とマッシュルーム＋チキンブレスト。

1	2
3	
4	5

HKG キャセイパシフィック航空 成田〜香港

TWN エバー航空 台北〜関西

Date: 2016/10/05
Airline: Cathay Pacific Airways
FlightNo: CX509
From: Tokyo
To: Hong Kong
Class: Economy Class
情報提供: たこさん

特別機内食のインド式菜食。ナスのスパイシーな煮込みのようなものと、豆腐のカレー？でした。

Date: 2015/12/06
Airline: Eva Airways
FlightNo: BR130
From: Taipei
To: Osaka
Class: Economy Class
情報提供: REONALDさん

ローファットミール（低脂肪食）を予約。メインは蒸し鶏、キビご飯。

FRA エールフランス｜羽田〜パリ

Date: 2016/02/26
Airline: Air France
FlightNo: AF293
From: Tokyo
To: Paris
Class: Economy Class
情報提供: neroさん

1. 卵・乳製品を含むベジタリアン食をリクエスト。メインはフェットチーネのブロッコリー、しいたけ添えでチーズが上に乗っています。 2. 到着直前の食事はパプリカのリゾットにフルーツ。

1 | 2

おわりに

　2003年に当サイトをオープンしてから早くも15年目を迎え、機内食の掲載数も世界228航空会社、10,000食を突破。世界最大級の機内食クチコミサイトとして運営させていただいております。

　また、2012年に前作『みんなの機内食』（翔泳社）を出版後、多くの反響があり、改めて機内食という特別な食事に、興味を惹かれる方が多いことに気づかされました。

　ここ数年、機内食を取り巻く環境は大きく変化しました。

　LCCにおける有料の機内食から、有名シェフやホテル、料亭との豪華なコラボ機内食まで、多種多様な機内食が次々と登場しています。

　一方、コストカットのために機内食の提供がないエアラインもあります。時代の流れもあり、その方針も当然理解できます。

　しかし、機内という特別な空間を彩る機内食は、他の食事では味わえないワクワク感を与えてくれます。電車の中での駅弁や、他の乗り物で食べるものとはまた違った楽しみにあふれています。

　そんな機内食の提供がない飛行機に乗るのは、やっぱりさびしく、物足りない……と思うのは、機内食フリークの戯言でしょうか。

　「機内食ドットコム」は、これからも皆様のご協力をいただきながら、世界中の素敵な機内食をご紹介し続けていきたいと思います。

　今回の書籍化にあたって、取材に全面的にご協力いただいた、日本航空、エミレーツ航空、朝日航洋、JALロイヤルケータリングの皆様、またクチコミをご提供いただいた投稿者の皆様に、厚く御礼を申し上げます。

機内食ドットコム

お問い合わせについて

本書に関するご質問や正誤表については、下記のWebサイトをご参照ください。

- 刊行物Q&A　http://www.shoeisha.co.jp/book/qa/
- 正誤表　　　http://www.shoeisha.co.jp/book/errata/

インターネットをご利用でない場合は、FAXまたは郵便にて、
下記"翔泳社 愛読者サービスセンター"までお問い合わせください。

- 宛先　　　〒160-0006 東京都新宿区舟町5
　　　　　　（株）翔泳社 愛読者サービスセンター
- FAX番号　03-5362-3818

電話でのご質問は、お受けしておりません。

※本書に記載されたURL等は予告なく変更される場合があります。
※本書の出版にあたっては正確な記述につとめましたが、著者や出版社などのいずれも、本書の内容に対してなんらかの保証をするものではありません。
※本書に記載されている会社名、製品名はそれぞれ各社の商標および登録商標です。
※本書は、投稿サイト「機内食ドットコム」に投稿された写真とその感想を、投稿者のご了承を得て掲載しているもので、各航空会社による公式の機内食ガイドではありません。
※掲載の情報は、各投稿者の搭乗時点のものです。個別の内容について航空会社へのお問い合わせはご遠慮ください。

Profile
機内食ドットコム

2003年開設。各航空会社の機内食の紹介と、航空会社の最新情報を提供する航空ウェブメディア。世界230航空会社、10,000以上の機内食を収録、掲載写真数30,000枚以上、投稿者数約4,600名、累計1億PV、年間アクセス数1,180万PV(2017年11月現在)と、機内食クチコミサイトとして世界最大級の規模を誇る。

「機内食ドットコム ～機上の晩餐～」
https://www.kinaishoku.com/

みんなの機内食
天空のレストランへようこそ！

2018年1月12日　初版第1刷発行

著者	機内食ドットコム
発行人	佐々木 幹夫
発行所	株式会社 翔泳社 (http://www.shoeisha.co.jp)
印刷・製本	株式会社 シナノ

©2018 kinaishoku.com
ISBN978-4-7981-5341-4
Printed in Japan.

※本書は著作権法上の保護を受けています。本書の一部または全部について、株式会社 翔泳社から文書による許諾を得ずに、いかなる方法においても無断で複写、複製することは禁じられています。

※本書へのお問い合わせについては、159ページに記載の内容をお読みください。

※落丁・乱丁はお取り替えいたします。03-5362-3705までご連絡ください。

Cover & Honbun Design
米倉 英弘、室田 潤
(細山田デザイン事務所)

DTP
鹿瀬島 雪子

Edit
江口 祐樹

Special thanks
日本航空、エミレーツ航空、朝日航洋、JALロイヤルケータリング、ノースプロダクション、チャーリィ古庄、AIR-TAK、amigo、ANDY、Barney、Chika、chika、CHM915、Donmai、fisi、Gakuchi、hida2011、hironaga、HY（ハッシー）、ISHIZAKA、KAZY、kksedney、Kosuke、Mats、Matsu、miko、namnam、nero、noppo6、REONALD、ROTABLUE、Shige-mori、shinbashi kids、shinji、Shu、skun012、taknz、TATU、Tiankou、TKPON、TOMOKO、Tomo-Papa、TOTO、trgtkk、tx1、Wakurin、wrongisland、Yonetch、YoshiE、-EF、イイナイイナ、維納、ウサギ♂、えみちん、織崎 渚、カピオラニ千恵、機内食大好き、キャリー、ケチャップ、しなもん、しのったくん、しろくま、世界一周、たこ、てぃーな、とっぽじーじょ、トビーおじさん、なおちん、ネコパパ、のぶまゆ、ばーしー、ぱっちりこ、はるか、ヒッシー、ひろ、まぐ、ましゅまろ、まちゃまちゃ、まつみ、マヤアム、みっきー、みっき～!、もみ、やま、ゆかり、ゆずちゃ、りんご、ワイン大好き
(敬称略)

Cover Photo
kksedney (P072／シルクエアー)